ΣBEST シグマベ

中学入試

新傾向 集中レッスン

国語 資料の問題

図・イラスト

表・グラフ

実用文・お知らせ

文英堂

はじめに

科学技術《ぎじゅつ》の進化によって世の中が大きく変化していく中で、「求められる学力」も時代によって変わってきました。さまざまな問題に直面し、先が読めない現代《げんだい》では「未来の社会を切り拓《ひら》くための資質《しつ》や能力《のうりょく》」が必要だと言われています。

日本でも大学入試をはじめ、高校、中学校そして小学校の教育内容《ないよう》も改革《かいかく》が進められていますが、中学入試でも**以前にはなかった形式の国語の問題**が出題されるようになってきました。文章だけでなく図やイラストなどの**資料**を読み取る問題や、**グラフ**や**表**を読み解《と》く問題、**複数《ふくすう》の文章**を読み比《くら》べて関連づける問題、そして何人かの間で交わされる**会話**を通して正しい答えを見つける問題などが多くの学校の入試問題で出題されています。

このような**「新傾向問題《しんけいこう》」**を解くには、思考力・判断《はんだん》力・表現力が必要になります。これまで大学入試もふくめた「受験勉強」の中には「文章は全部読まず、傍線《ぼうせん》の近くだけ読んで解けばよい」「選《せん》択肢《たくし》の中で大げさな表現のものを取り除《のぞ》けばよい」といった合格点を取ることだけを目的にした、本来の「学び」とかけはなれた「技術」を強調する教え方もありました。しかし、現在《げんざい》の中学入試問題は高度に練り上げられており、そのような勉強は通用しませんし、**「新傾向問題」にもいわゆる「裏《うら》ワザ」はまったく歯が立ちません。**

「新傾向問題」はいくつかの出題形式に分類されます。それぞれの形式に応《おう》じた**着眼点《ちゃくがんてん》**を知り、解き進めていく**アプローチの仕方**を身につけておくことが効果的《こうかてき》な学習法です。

この本では、これまで中学入試で出題された「新傾向問題」を分《ぶん》析《せき》し、次の四つの種類に分類しています。

1 「図・イラストの問題」
2 「表・グラフの問題」
3 「長文読解《どっかい》＋表・グラフの問題」
4 「実用文・お知らせの問題」

それぞれのテーマについて、はじめに**「例題」**で着眼点と解き方を示《しめ》したうえで、**「練習問題」**そして**「入試問題」**とステップアップしていけるように構成《こうせい》されています。特に練習問題には、**「読解ナビゲーション」**と**「解答ナビゲーション」**をつけ、文章や資料の読解法や設問《せつもん》の解法を示していますので、国語が苦手な人にとっても学習しやすくなっています。

この本で「新傾向問題」を解くメソッドを学び、問題の本質をつかむスキルを身につけていただけることを、心より願っております。

海老原　成彦

本書の特長

例題 で「新傾向問題《しんけいこう》」の解《と》き方がしっかりわかる！

「例題」では、「資料《しりょう》」「表・グラフ」「実用文・お知らせ」などの「新傾向問題」の着《ちゃく》眼点《がんてん》や**アプローチの仕方**を丁寧《ていねい》に解説《かいせつ》しています。

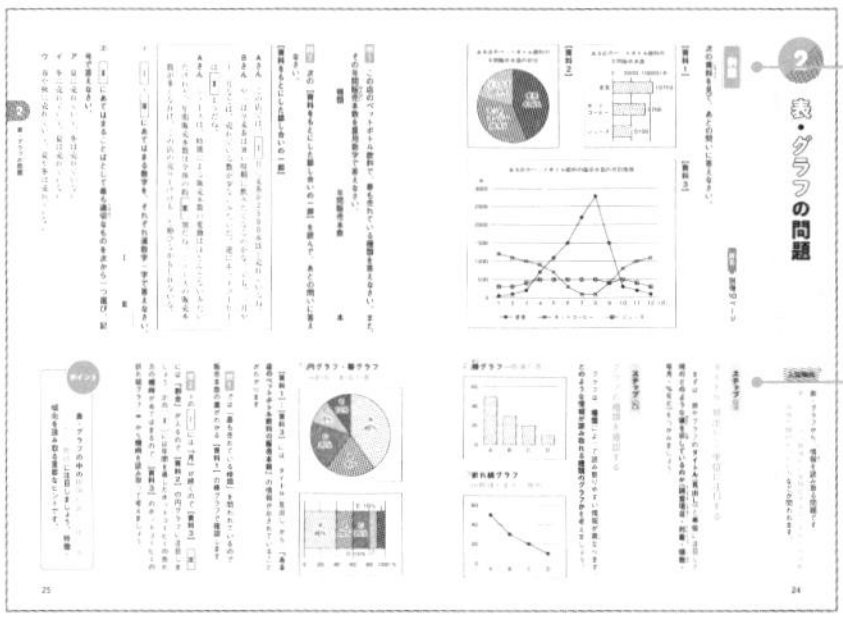

代表的な出題パターンの「例題」を掲載《けいさい》しています

解くための手順を一つずつ確認《かくにん》できます

ナビゲーションつき練習問題 で解き方が身につく！

「読解《どっかい》ナビゲーション」と**「解答ナビゲーション」**にしたがって問題を解いていくことで、「新傾向問題」の解き方がしっかりと身につきます。

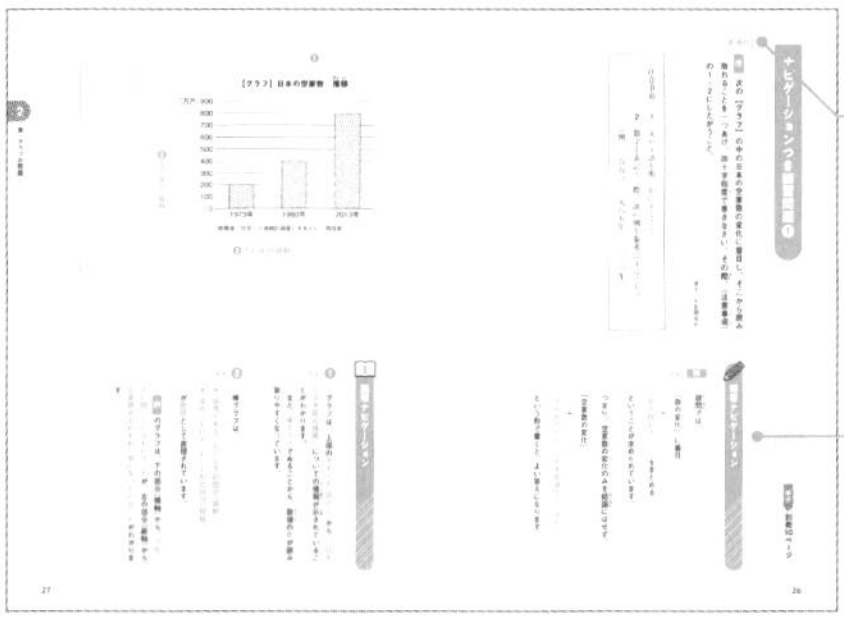

新傾向問題には（新傾向）アイコンがついています

正しく解くための手順がわかります
※ナビゲーションの番号は上段《じょうだん》についている番号に対応《たいおう》しています

入試問題にチャレンジ で実戦練習ができる！

実際《じっさい》の**入試問題**で「新傾向問題」にチャレンジします。「例題」と「ナビゲーションつき練習問題」で学んだことをいかして取り組みましょう。

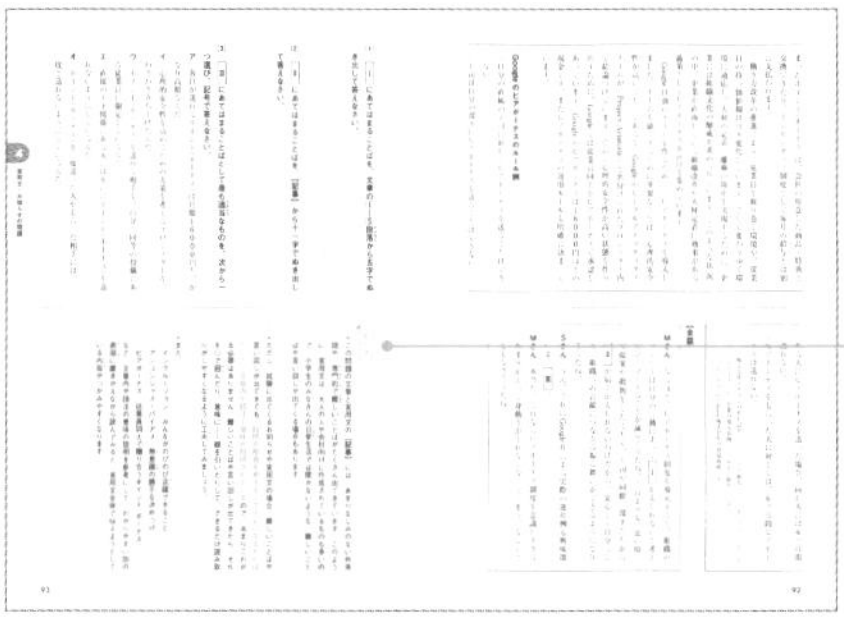

ヒントがついているので、入試レベルの問題も自分の力で考えることができるようになっています

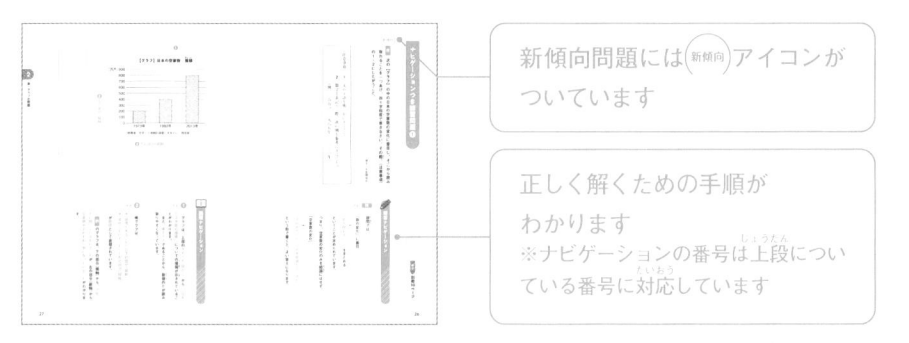

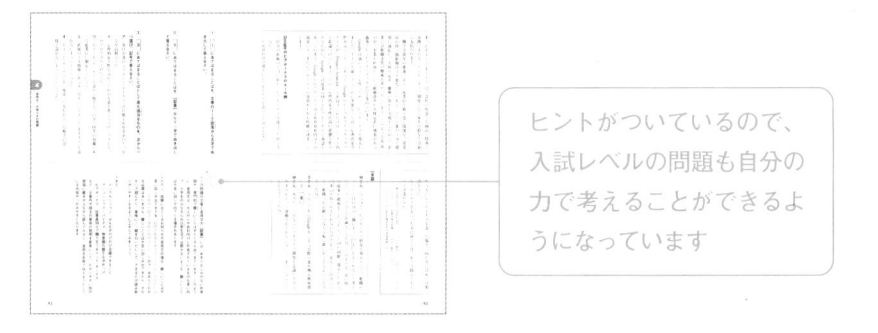

もくじ

1 図・イラストの問題

例題

次の各問いに答えなさい。

問1 次の文章の内容《ないよう》と合う図として最も適切《てきせつ》なものをあとから一つ選び、記号で答えなさい。

解答 別冊2ページ

西洋では、人間は自然を支配《しはい》するものであると考えてきた。対して、東洋(日本)では、人間は自然の中で生きているものであると考えてきた。

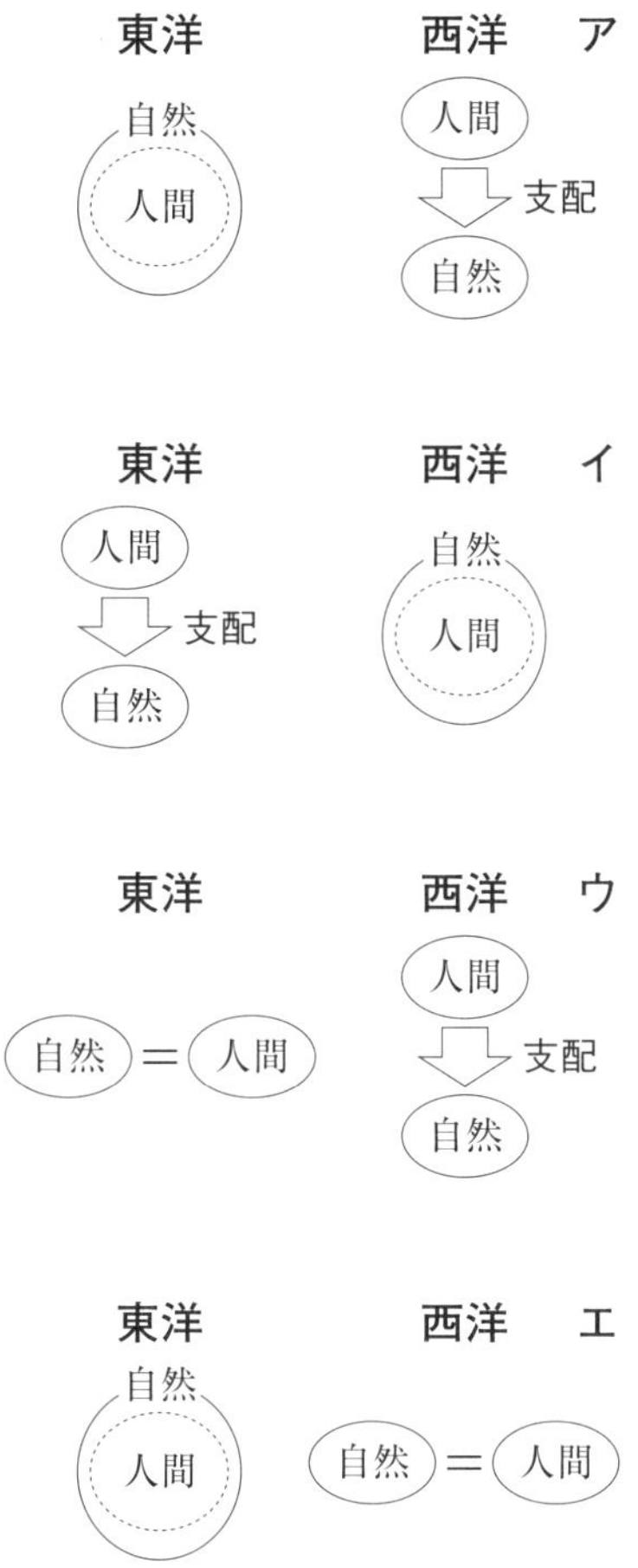

［　　］

入試傾向

図・イラストなどの資料《しりょう》から情報《じょうほう》を読み取る問題です。図・イラストの意味をつかみ、文章と関連づけて理解《りかい》し、活用する力が問われます。

ステップ1

文章の内容をおさえる

図やイラストなどの資料は、文章よりも目立つ存在《そんざい》です。しかし、まずはメインの**文章の内容**をきちんとおさえましょう。

ステップ2

図・イラストのおおまかな情報をとらえる

次に、登場した図・イラストなどの資料の**おおまかな情報**をとらえましょう。タイトル(見出し)や、設問《せつもん》の内容などに注目すれば、登場した図・イラストが**何を表しているのか**、**文章とどのような関係であるのか**をつかむことができます。

ステップ3

文章の内容と図・イラストの情報を関連づける

問題に登場する資料は、伝えたい要素《ようそ》をぬき出したり、まとめたりして表現《ひょうげん》しています。そのため、**単体で見るだけで**

問2 次の文章を読んで、あとの【資料《しりょう》】の Ⅰ ～ Ⅲ にあてはまる言葉を、文章中からぬき出して書きなさい。

鳥がもっとも認識《にんしき》しやすい色は、赤色です。そのため、熟《じゅく》した果実を赤く染《そ》めて目立たせて、鳥に見つけられやすくしているのです。

一方、熟していない果実は、葉っぱと同じ緑色をしていて目立ちません。また、甘味《あまみ》はなく、むしろ苦みをもっています。これは、種子が未熟なうちに食べられては困《こま》るので、苦味物質《ぶっしつ》を蓄《たくわ》えて果実を守っているからです。やがて種子が熟してくると、果実は苦味物質を消去し、糖分《とうぶん》を蓄えて甘くおいしくなります。そして、果実の色を緑色から赤色に変えて、食べ頃《ごろ》になったということを伝えるサインを出すのです。

「緑色は食べないで」「赤色は食べてほしい」――これが、植物と鳥とが約束を交《か》わした、果実の色のサインなのです。

（稲垣栄洋《いながきひでひろ》『一晩《ひとばん》置いたカレーはなぜおいしいのか』より）

【資料】果実の色のサイン

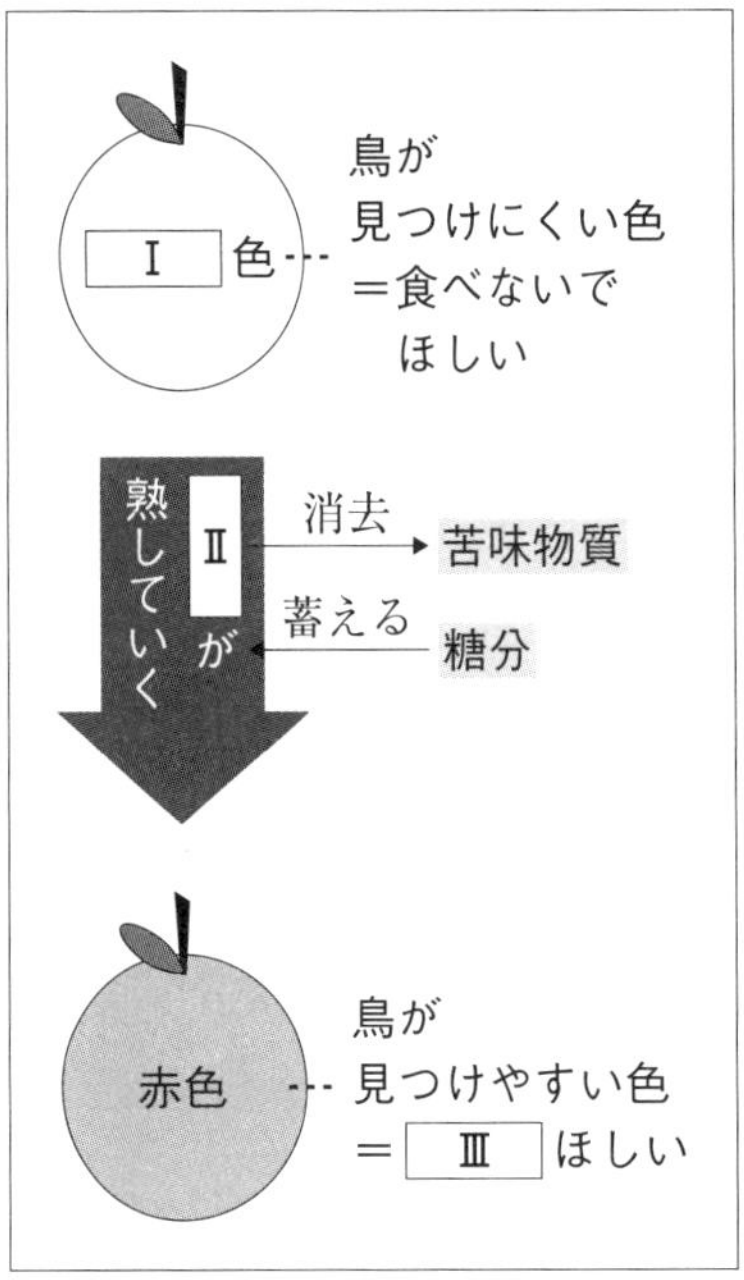

Ⅰ［　　　　］

Ⅱ［　　　　］

Ⅲ［　　　　］

は、**意味をくみ取ることが難《むずか》しい場合もあります。**

そこで、ステップ1でおさえた文章の内容で情報をおぎないながら、どのような意味を表しているのかを考えていきましょう。

とくに図・イラストは、文章の内容を抽象化《ちゅうしょうか》した（要素・性質《せいしつ》をぬき出した）ものが多く出題されます。**文章とどう対《たい》応《おう》しているかを考えつつ、求められている解答を探《さが》しましょう。**

問1 の文章は、**人間と自然の関係に対する、西洋と東洋（日本）の考え方**について書かれたものです。

図に見出しはありませんが、設問をチェックすると、**「文章の内容と合う図」**とわかります。文章に書かれていることと合う図を選びましょう。

問2 の文章は、**果実（植物）が鳥に示《しめ》す色のサイン**について書かれたものです。また、**【資料】**のタイトルは「果実の色のサイン」なので、**文章内容を抽象化したもの**だと判断《はんだん》できます。

ポイント

図・イラストだけを見ても正解を導《みちび》き出すことはできません。文章に書かれている内容に対応する部分を探し、その図・イラストが示す意味をつかみましょう。

ナビゲーションつき練習問題 1

次の文章を読んで、あとの問いに答えなさい。

1

1 イネの芽生えを栽培《さいばい》すると、一枚《いちまい》ずつ葉っぱが出てきます。出てきた順に、第一葉、第二葉、第三葉と名前をつけていきます。番号が大きくなるほど、あとから出てきた若《わか》い葉っぱです。

若い葉っぱが出てくると、芽生えの成長を担《にな》う光合成は、古い葉っぱから若い葉っぱへ移行《いこう》します。そこで、第三葉を残して、あとから出てくる若い葉っぱを抜《ぬ》き取る場合と、抜き取らない場合で、第三葉の老化の具合を調べます。

第四葉以上を抜き取ると、第三葉はいつまでも光合成をしなければなりません。そのため、老化が早まるはずです。逆《ぎゃく》に、第四葉以上を抜き取らないと、第五葉、第六葉という若い葉が出てきて光合成をするので、第三葉の負担《ふたん》が減《へ》り、第三葉の老化は抑《おさ》えられることが期待されます。

実際《じっさい》に実験をしてみると、予想通りの結果になります。

2 落葉樹《らくようじゅ》の葉っぱは、春からはたらき続け、秋遅《あきおそ》くになると枯《か》れ落ちます。このとき、枯れた葉っぱは、風に吹《ふ》かれて、舞《ま》い落ちるように見えます。しかし、葉っぱは、いのちが尽《つ》きて、枯れたあとに、風で吹き落とされるのではありません。葉っぱは自分で準備《じゅんび》をして、自ら舞い落ちるのです。

（東京・攻玉社中）

読解ナビゲーション

解答 別冊2ページ

ナビ 1

論説文《ろんせつぶん》を読みやすくするための工夫《くふう》の一つに、**段《だん》落分《らく》け**があります。

しかし、この文章には、細かく改行されていると いう特徴《とくちょう》があり、形式段落ごとに分けていくと、2～3行ごとに段落分けをすることになります。そのため、形式段落に注目すると、かえって読みづらくなってしまうのです。

このような細かく改行されている文章を読み進めるときには、書かれている話題が変わったり、さらに深く展開《てんかい》したりするところを目安にして、**意味段落**に分けながら読んでみましょう。

たとえば、1段落の範囲《はんい》は、**イネの葉っぱに順番をつけて実験をしたことが書かれている、一つの意味段落**だと考えられます。

形式段落としては四つに分かれていますが、**意味の上ではまとめることができる**のです。

3 葉っぱは、冬の寒さの訪《おとず》れが近づくと、「冬の寒さの中で、自分はまもなく役に立たなくなる」と感じ、引き際《ぎわ》を悟《さと》ります。春からはたらいてきた葉っぱの最後の仕事は、枯れ落ちるための支度《したく》です。

「葉っぱは、ほんとうに自分で枯れ落ちる支度をするのだろうか」と、疑問《ぎもん》に思われるかもしれません。しかし、そのように考えられる根拠《こんきょ》は、いくつかあります。

4 ❷一つ目は、葉っぱが、緑色のときにもっていたデンプンやタンパク質《しつ》などの栄養物を、枯れ落ちる前に樹木《じゅもく》の本体に戻《もど》すことです。自分の引き際を悟って、自分のもっていた栄養を本体に戻すのです。そのため、落ち葉には、栄養物がほとんど含《ふく》まれておらず、繊維質《せんいしつ》ばかりが目立ちます。

樹木の本体に戻された栄養分は、樹木が生きていくために大切なものです。ですから、すぐに使われる場合もあるし、冬の間、種子や実の形で貯蔵《ちょぞう》される場合もあります。春に芽吹く芽や地中の根に蓄《たくわ》えられるものもあります。

5 ❷二つ目は、枯れ落ちる部分の形成は、葉っぱからの指令で行われることです。葉っぱは、「葉身」と「葉柄《ようへい》」という、二つの部分から成り立ちます。葉身は、葉っぱの緑色の平たく広がった部分、葉柄は、葉身を枝《えだ》や幹《みき》につないでいる柄《え》のような部分です。

葉っぱは、落葉に先だって、枝から切り離《はな》れるための箇所《かしょ》を、葉柄のつけ根の付近につくります。この箇所は、「離層《りそう》」といわれ、ここで、葉っぱは枝から離れ落ちるのです。離層は、そのためにわざわざつくられるのです。

ナビ ❷

4段落と5段落は、「一つ目は」「二つ目は」という順番を表すことばを目安に、意味段落として分けています。

この4段落と5段落では、一つ前の3段落で述《の》べられている**「葉っぱ」が「自分で枯れ落ちる支度をする」**ということがらに対する、二つの根拠を説明しています。

このあとも、意味の上でのまとまり(意味段落)に注意し、文章を最後まで読み進めていきましょう。

6 ですから、同じ種類の植物の落ち葉を並《なら》べて葉柄《ようへい》の先端《せんたん》を見ると、まったく同じ形をしています。また、落ちたばかりの葉っぱの葉柄の先端を観察すると、その部分だけはまだ新鮮《しんせん》な色をしています。「枯《か》れ葉」といわれますが、葉柄が枯れて落ちるのではないのです。

7 ともすると「枝《えだ》や幹《みき》が、役に立たなくなった葉っぱを切り捨《す》てるために、離層《りそう》をつくる」という印象《いんしょう》をもたれるかもしれませんが、❸そうではありません。離層は、枝や幹からではなく、葉っぱからの働きかけで形成されるのです。そのことを示唆《しさ》する実験があります。

枝についている緑の葉っぱの葉身を葉柄との接点《せってん》で切り取り、葉柄だけを残します。すると、葉身を切り取らない場合と比《くら》べてずっと早くに、葉柄はつけ根から落ちます。葉身を切り取ると、離層が早くにつくられるからです。

葉身を切り取っても、切り口から葉柄にオーキシンという物質《ぶっしつ》を送り続けると、葉柄は落ちません。オーキシンは、緑の葉っぱの葉身でつくられ、離層の形成を抑《おさ》えるのです。

8 これらの現象《げんしょう》は、「はたらいている葉っぱでは、葉身がオーキシンをつくって、葉柄に送り続けており、送られてくるオーキシンが、離層の形成を抑えている」ことを示《しめ》しています。

葉っぱは、オーキシンという物質を送ることをやめ、自分で離層の形成を促《うなが》して枯れ落ちます。その姿は、「引き際《ぎわ》がきれいで、潔《いさぎよ》い」と思われる場合もあります。たしかに、春からはたらき続けてきた葉っぱが、自分のいのちが尽《つ》きるのを悟《さと》って、冬が近づいてくると、自分から枯れ落ちていく姿《すがた》は、「引き際がきれいで、潔い」といわれるのにふさわしい

解答ナビゲーション

ナビ 3

「そうではありません」ということばに注目しましょう。ここでは、多くの人がもっているイメージを否定《ひてい》し、離層がつくられる本当の仕組みを説明しています。このように、一般的《いっぱんてき》な考え方を否定したあとには筆者の主張が書かれることが多いので、しっかり確認《かくにん》しておきましょう。

ナビ 問

設問《せつもん》で示《しめ》されている図は、「離層」ができるまでの様子を表したものです。

問われている「離層」のできる部分と「オーキシン」を送る方向について、筆者がくわしく説明している箇所《かしょ》を文章中から的確《てきかく》に見つけ出しましょう。

5段落《だんらく》に、「離層」とは、**「落葉に先だって、枝から切り離れるための箇所」**だと書かれています。また7段落に、「オーキシン」とは、**「緑の葉っぱの葉身でつくられ、離層の形成を抑える」**物質だと書かれています。

かもしれません。

9 動物のいのちが尽きるときは、私《わたし》たち人間の涙《なみだ》を誘《さそ》うことが多いのですが、植物たちの葉っぱがいのち尽きるときの姿に涙する人はほとんどいません。でも、多くの葉っぱが落葉する秋に、何となくもの悲しさが漂《ただよ》うのは、その涙に代わるものかもしれません。

（田中修《たなかおさむ》『植物のいのち　―からだを守り、子孫につなぐ驚《おどろ》きのしくみ』より）

新傾向

問 次の図は、――線部「離層」ができるまでの様子を表したものです。正しい組み合わせをあとから一つ選び、記号で答えなさい。

Ⅰ　オーキシンを送る方向はどちらですか。

A
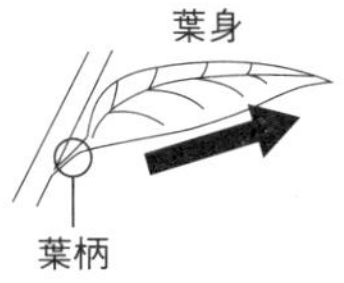

B
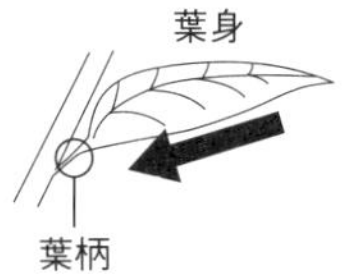

Ⅱ　オーキシンの流れが止まり、離層のできる部分を表している●はどれですか。

a
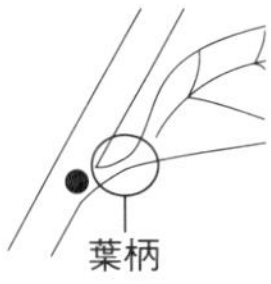

b
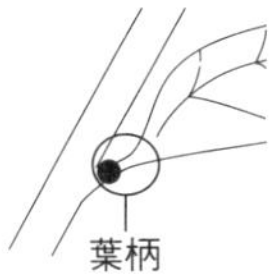

c
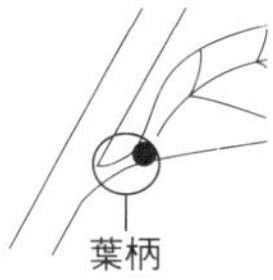

ア　A・a　　イ　A・b　　ウ　A・c
エ　B・a　　オ　B・b　　カ　B・c

［　　　　］

一文一文を丁寧《ていねい》に読み進めていき、文章で説明されている「離層」と「オーキシン」の様子をつかみ、選択肢《せんたくし》として示されている、一つひとつのイラストを見比《みくら》べて考えましょう。

A・B

【葉身と葉柄の模式図《もしきず》】

「⬇」はオーキシンの流れの方向を表している

A
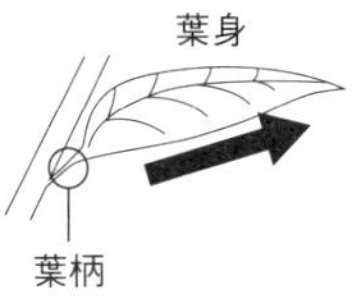

B
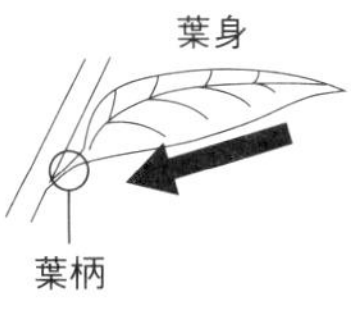

a・b・c

【葉柄の部分を拡大《かくだい》した模式図】

「●」は離層のできる部分を表している

a
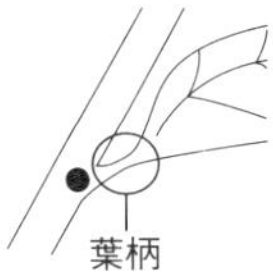

b
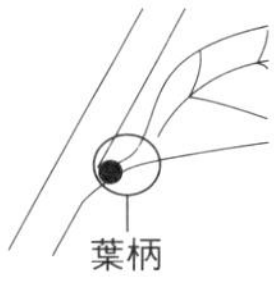

c
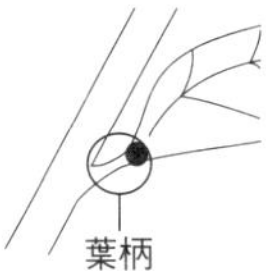

ナビゲーションつき練習問題②

次の文章を読んで、あとの問いに答えなさい。

（東京・豊島岡女子学園中）

1 まず、そもそものを作るとは何でしょう。イチゴを例にとると、次の手順で進められます。まず、土地の上にイチゴを栽培《さいばい》するハウスを作ります。イチゴの苗《なえ》を植えて、肥料《ひりょう》を与《あた》え、病害虫を防《ふせ》ぐために農薬を使い、生育していく。途中《とちゅう》では、日々、順調に生育しているかどうか、人手を使って確認《かくにん》します。収穫《しゅうかく》の時期を迎《むか》えると、一粒一粒《ひとつぶ》でき具合を見て、収穫し、検査《けんさ》して、出荷《しゅっか》のための包装《ほうそう》をしていきます。

このように、ものを作るとは、最初は土地や※パイプハウスなどの設備《せつび》を用意し、栽培の段階《だんかい》では、苗、水、肥料などの原材料を、人手や機械を使って生育し、最終的に出荷できる商品に作り上げていくことです。

2 ❷しかし、問題は何をするにもお金が掛《か》かるという点にあります。土地がなければ、土地を買う、パイプハウスも作る。その設備が出来たら、今度は苗や肥料、農薬を買ってくる。栽培中の生育の管理とか収穫時など人手や機械の手を借りるところでは、お願いした人たちへの賃金《ちんぎん》の支《し》払《はら》い、機械が必要であれば、その購入費用《こうにゅうひよう》や借りる費用も用意しなければなりません。水や電気代の支払いも必ずついてきます。これらの栽培、供給《きょうきゅう》に掛かるお金を「費用」と呼《よ》んでいます。

読解ナビゲーション

解答 別冊4ページ

ナビ①

この文章も、ナビゲーションつき練習問題①の文章と同様に、形式段落に分けるとかえって読みづらくなるので、意味段落分けをしながら読み進めていくとよいでしょう。

ナビ②

2段落は、「しかし」という逆接《ぎゃくせつ》の接続語で始まっています。このあとに、**直前に反する内容《ないよう》が続けられている**と判断《はんだん》できます。

3段落は、「もう一つの問題は」ということばで始まっています。ここからは、**直前とは別の問題が**

3 ❷もう一つの問題は、この費用をどう支払うかにあります。その支払いのためのお金をどう用意するか。①これまでに蓄《たくわ》えた貯蓄《ちょちく》を崩《くず》すか、②その商品を売った収入《しゅうにゅう》の中から支払うか、または③借金して払うなど、いろいろ考えられます。しかし、②の収入はまだ入っていない段階であり、③の借金も後々の負担《ふたん》になるので避《さ》けたい。とすれば、①の自分の貯蓄から支払うのがいいことになります。

4 ❷それでは、この貯蓄とは何でしょうか。貯蓄は、それまで何年にもわたって栽培、出荷してきたことで得《え》られた利益《りえき》が積み重なったものです。例えば、昨年度500万円の利益が出れば、それを貯蓄として蓄えて、今年度の費用の支払いに使うということになります。

イチゴの栽培にせよ、商品を供給することは、これからもずっと続けていく計画のもとで、行っているのは間違《まちが》いありません。とすれば、続けていくためには、どうしても利益を出さなければならないことになります。さらに農家であれば、くらしを支《ささ》えるための費用も入ってきます。したがって、翌年《よくとし》のそれらの費用の支払いができるように収益を出す必要があります。

5 ところで、利益とは、売り上げた収入から費用を差し引いたものです。

このことからわかるのは、費用を上回る収入がないと、利益が出ないということです。費用は栽培の始めから出荷までに掛かるものですから、あらかじめ、その費用総額《そうがく》はわかります。したがって、その明らかになっている費用総額を超《こ》えて必要な利益を出すためには、どれだけの収入が必要かはこの段階で明らかになっています。

仮《かり》に、イチゴの栽培費用が一パックあたり200円、必要なくらしの

述《の》べられていくと考えられます。

4段落は、「それでは」ということばで始まっています。「それでは」は、**直前までの内容を受けてさらに話を発展《はってん》させる**ときに使われます。

ちなみに、4段落全体は、形式段落としては二つに分けられますが、**「利益」の説明**を続けていることから、意味段落として一つにまとめることができます。

このように、**段落のはじめのことば**をヒントにしながら、意味のまとまりを考えて、文章を読み進めていきましょう。

費用が同じく200円とすると、どれくらいの値段《ねだん》で売らなければならないでしょうか。（中略《ちゅうりゃく》）

6 この収入《しゅうにゅう》と費用《ひよう》、利益《りえき》の関係をグラフで確認《かくにん》してみましょう。ところで、このようなグラフは、これからよく出てくるので、読み方を説明しておきましょう。わかっている人は、とばしてもかまいません。縦軸《たてじく》は「費用金額《きんがく》」となっていますが、これは、上に行けば行くほど、金額が大きくなることを示《しめ》しています。一方、横軸は「収入金額」となっていますが、これは右に行けば行くほど収入金額が大きくなることを表しています。また、収入線上のある点は、その左側に延《の》ばした線が縦軸にぶつかるところにある「費用金額」と、下方に延ばした線が横軸にぶつかるところにある「収入金額」の組み合わせになります。

7 このグラフでは、A点の費用は400円、収入が400円と等しくなっています。費用と収入が等しくなっていることがわかります。

ここでは仮《かり》に費用は収入金額とは関係なく、同じ金額だけ掛《か》かる、つまり金額が固定されているとします。また収入金額は、供給《きょうきゅう》量を増《ふ》やすことで、右側に行けば行くほど収入額は増えていきます。

8 このグラフのポイントは、A点400円よりも左側では、固定された費用に対して収入金額がまだ小さいので、利益が出ない、損失《そんしつ》が出ている状況《じょうきょう》であること、逆《ぎゃく》にA点より右側では、費用より収入が大きくなって、利益が出ている状況を表している、ということにあります。

さらに、翌年《よくとし》にかかる費用のことを考えて、それを賄《まかな》える十分な利益を出すためには、B点800円以上の収入金額が必要になることがわかります。

ナビ 3

6～8段落《だんらく》の範囲《はんい》は、**「収入と費用、利益の関係」のグラフ**を解説《かいせつ》しています。

この範囲は、さらに次のように分けられます。

- 6段落
  …一般的《いっぱんてき》なグラフの読み取り方にもとづいた、**「収入と費用、利益の関係」のグラフ**の縦軸と横軸の項目《こうもく》など
- 7段落
  …**「収入と費用、利益の関係」のグラフ**から読み取れる情報《じょうほう》や数値《すうち》の変化
- 8段落
  …**「収入と費用、利益の関係」のグラフ**の情報や数値の変化が意味するもの

あまり長い範囲を一つの意味段落として考えてしまっても、筆者の主張《しゅちょう》がつかみにくくなります。どこからどこまでをひとまとまりとして考えるべきかは、文章をしっかり読んで判断《はんだん》していきましょう。

9 こうして見ると、売れない、期待より売れないことが最も生産者にとって困《こま》ることであることがわかります。売れなければ、十分な収入が入らず、事前に掛かった費用を払《はら》えなくなります。

（徳田賢二《とくだけんじ》『値段《ねだん》がわかれば社会がわかる　はじめての経済学《けいざいがく》』より）

65

〈語注〉
＊パイプハウス　パイプを骨組《ほねぐ》みとしたビニールハウスのこと。

新傾向

問　――線部「この収入と費用、利益の関係をグラフで確認してみましょう」とありますが、収入と費用、利益の関係を示したグラフとして最も適切《てきせつ》なものを、次から一つ選び、記号で答えなさい。

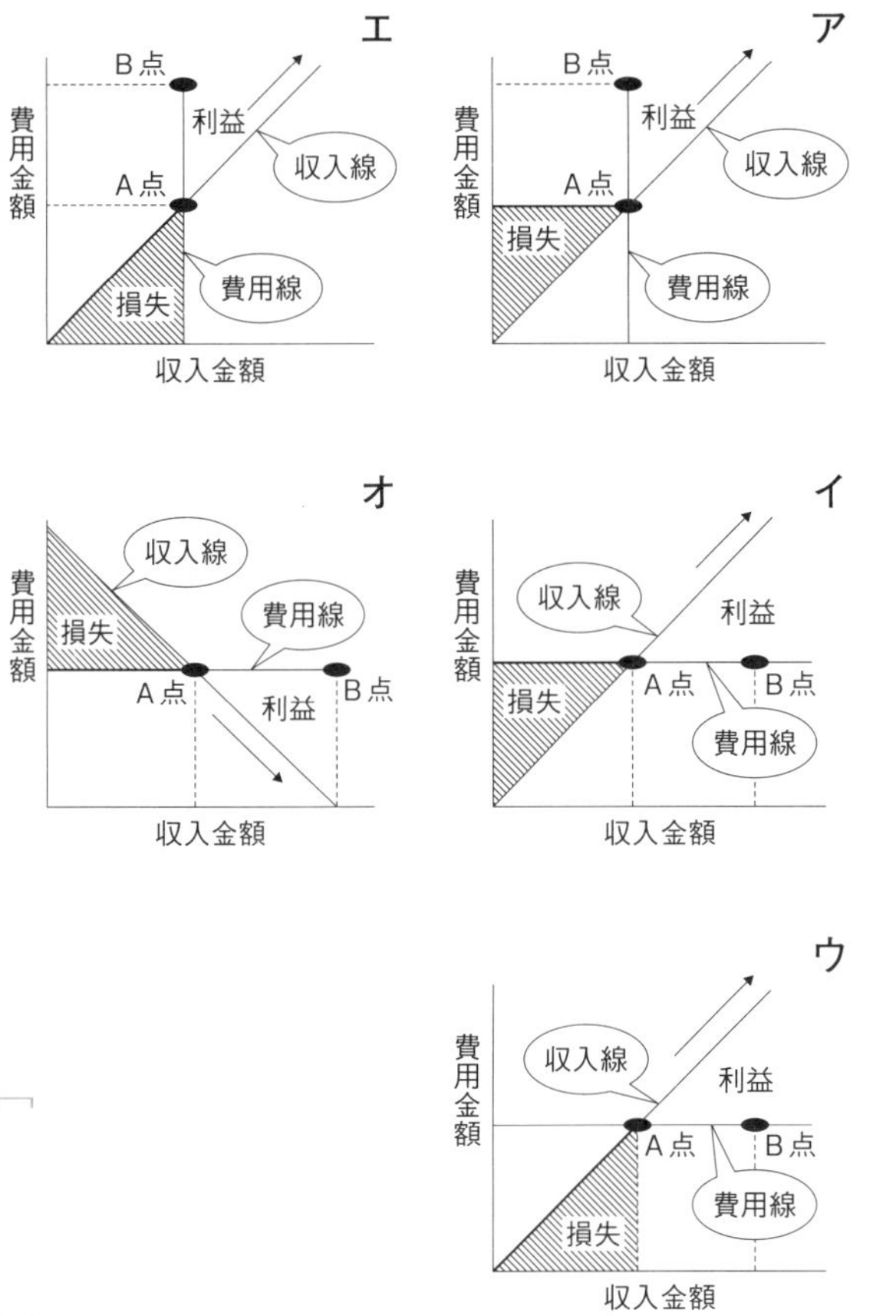

［　　］

解答ナビゲーション

ナビ　問

設問《せつもん》で示されている図は、**収入と費用、利益の関係**をグラフとして表したものだとわかります。

読み取りにくい複雑《ふくざつ》な図ほど、基本《きほん》に立ち返って、それぞれの部分が何を表しているかを、しっかりと確認しましょう。

☑**ア～オの図のグラフで共通していること**

● 縦軸（タテ）が**費用金額**の大きさ、横軸（ヨコ）が**収入金額**の大きさを表している

● 収入金額の値を表す**収入線**と、費用金額の値を表す**費用線**がある

● **収入線**と**費用線**が交わる点を**A点**としている

さらにこの図は、**A点**の移動《いどう》の方向を「↑」で示すことによって、**「利益」の値《あたい》が変化していく様子**を視覚的《しかくてき》に示しています。

その変化の様子を頭の中でイメージしていくことで、図のもつ意味が理解しやすくなります。

ナビゲーションつき練習問題③

次の文章を読んで、あとの問いに答えなさい。

（東京・女子学院中）

1　実は、わたしは英国で最も早い時期に新型《しんがた》コロナのＰＣＲ検査《けんさ》を受けた住民の一人だった。

2　２０２０年２月初頭に日本へ行き、１週間ほど東京で仕事をして英国に戻《もど》ったら、数日後に発熱と咳《せき》の症状《しょうじょう》が出た。「以下の国々からの便で英国に入国する方で、到着《とうちゃく》後14日以内に発熱や咳などの症状が出た人は、ＮＨＳ（国民保健サービス）に電話をしてください」という貼《は》り紙が空港のあちこちにあったのを覚えていた。そこに記された国のリストにはしっかりＪＡＰＡＮが入っていた。だから指示《しじ》に従《したが》い、わたしはＮＨＳに電話した。

3　その頃《ころ》、まだ英国でのコロナ感染《かんせん》者の数は一桁《けた》だった。が、わが※ブライトンには不気味な予兆があった。アジアに旅をして帰国した男性《だんせい》が英国人で最初の感染者となり、市内で感染が広がっていたからだ。しかも、その感染者の一人の職場《しょくば》をわたしは日本に行く前週に訪《おとず》れていた。（中略《ちゅうりゃく》）

4　検査の結果が出るまで、いろいろなことを考えた。自分がコロナに感染していたとしても、14日間家で寝《ね》ていればいいというだけで、特に恐《きょう》怖《ふ》感はない。

読解ナビゲーション

解答 別冊5ページ

随筆《ずいひつ》文は次のような時制《じせい》に注意して読むと、理解しやすくなります。

ナビ 1

大過去《かこ》　エピソードの中で回想している時点

過去　筆者が回想しているエピソードの時点

現在《げんざい》　筆者が文章を書いている時点

- **「筆者が文章を書いている時点」**…現在
- **「筆者が回想しているエピソードの時点」**…過去
  ※エピソードの中では「現在」
- **「エピソードの中で回想している時点」**…大過去
  ※エピソードの中では「過去」

5 それより、①とても面倒《めんどう》くさいことになったと思った。

6 その面倒くささこそが感染よりも不運なことに思えた。まだ学校が休校になる前だったので、息子《むすこ》の中学の教員に事情《じじょう》を説明して、検査結果が出るまで彼《かれ》を休ませねばならない。日本に行っていた間に息子の世話をするため仕事を休んでもらった配偶者《はいぐうしゃ》にも、また2週間も自主隔離《かくり》してもらわねばならず、さすがにこれには彼も憤《いきどお》るだろう。

7 けれども何より気になったのは、日本に行く前、感染者の職場に行ったときに、帰りにジャガイモや牛乳《ぎゅうにゅう》を買って届《とど》けた近所のおばあちゃんのことだった。それでなくとも体が弱い彼女《かのじょ》に感染させた可能性《かのうせい》があるからだ。水道工事のために家に出入りしていた業者のことも思い出した。確《たし》か、以前、彼の妻《つま》には喘息《ぜんそく》の持病があると言っていたような気がする。そういえば、ブライトンからヒースロー空港までのシャトルバスで隣《となり》に座《すわ》っていたアイルランド人の気さくな女性は妊娠《にんしん》中だった。英国と日本を往復《おうふく》した間に会った人々やすれ違《ちが》った人々が次々と思い出された。そして彼らの一人一人に家族があって、同僚《どうりょう》がいて、電車で隣に乗り合わせる人がいて、ショップのレジで前に並《なら》んでいる人がいると思うと、その人数はどこまでも増《ふ》えていく。

8 ②わたしを起点として、目に見えない③巨大《きょだい》な蜘蛛《くも》の巣が背後《はいご》に広がったような感覚をおぼえた。

（ブレイディみかこ『他者の靴《くつ》を履《は》く』〈文藝春秋《ぶんげいしゅんじゅう》〉より）

〈語注〉
＊ブライトン　英国の都市

ナビ 2

2段落《だんらく》から、この随筆中で語られようとしている具体的なエピソードの回想が始まりました。

この中の「日本へ行き……英国に戻ったら」という部分などから、**筆者がどういう人物なのか**が少しずつわかってきます。この**文章の設定《せってい》**をさぐりながら読み進めていきましょう。

ナビ 3

3段落の途中《とちゅう》で、時制が変わっていることをおさえます。

「エピソード中の現在」→「エピソード中の過去」という形で、筆者自身がコロナに感染した可能性のあるタイミングを回想しているのです。

ナビ 4

6段落と7段落では、検査結果が出るまでの間、配偶者や息子を自分のために休ませなければならないだけでなく、自分が日常生活の中で関わったすべての人たちに感染が広まっていくことへの不安が書かれています。

登場する人物と筆者の関係を正しくおさえましょう。

問1 ――線①「とても面倒《めんどう》くさいことになったと思った」とありますが、どのようなことを感じたのですか。最も適切《てきせつ》なものを、次から一つ選び、記号で答えなさい。

ア　まだコロナ感染《かんせん》者が少なかった時期なので、コロナ感染よりも、だれにも相談できないまま、親しい人や弱い立場にいる人の安全を守らなければならないことをたいへんだと感じた。

イ　まだコロナ感染者が少なかった時期なので、コロナ感染よりも、そのことが人に知られてしまい、地域《ちいき》の人々から仲間外れにされてしまうだろうことをおそろしく感じた。

ウ　まだコロナ感染者が少なかった時期なので、コロナ感染よりも、自分と関わる人にどのような影響《えいきょう》があるか一つ一つ考えなければならなくなったことを負担《ふたん》に感じた。

エ　まだコロナ感染者が少なかった時期なので、コロナ感染よりも、知らずに出歩いたことで自分が街で感染を広めてしまったかもしれないことに責任《せきにん》の重さを感じた。

［　　］

新傾向

問2 ――線②「わたしを起点として」とありますが、ウィルス感染をめぐって「わたし」が思いうかべた人々を左の図のように表しました。A～Cにあてはまる人物を、文中の語を用いて書きなさい。（↓で示《しめ》したのは、そこから関わる人のことである。）

解答ナビゲーション

ナビ **問1**

――線①の直後の6段落《だんらく》のはじめに「その面倒くささこそが感染よりも不運なことに思えた」とあり、そのあとに具体的な筆者の思いが書かれています。

筆者がどのようなことを「面倒くさい」と思っているのかを確認《かくにん》していきましょう。

ナビ **問2**

「わたしを起点として」広がっていく様子が図式化されています。Aの先には「中学の教員」がいて、Cの先には「喘息の持病のある妻」がいることに注目しましょう。本文中でこれらの人々について説明している箇所《かしょ》をチェックすれば、AとCにあてはまる人物がわかりますね。

また、Bの先には何も示されていないので、AとCを確定させたあとに考えるとよいでしょう。

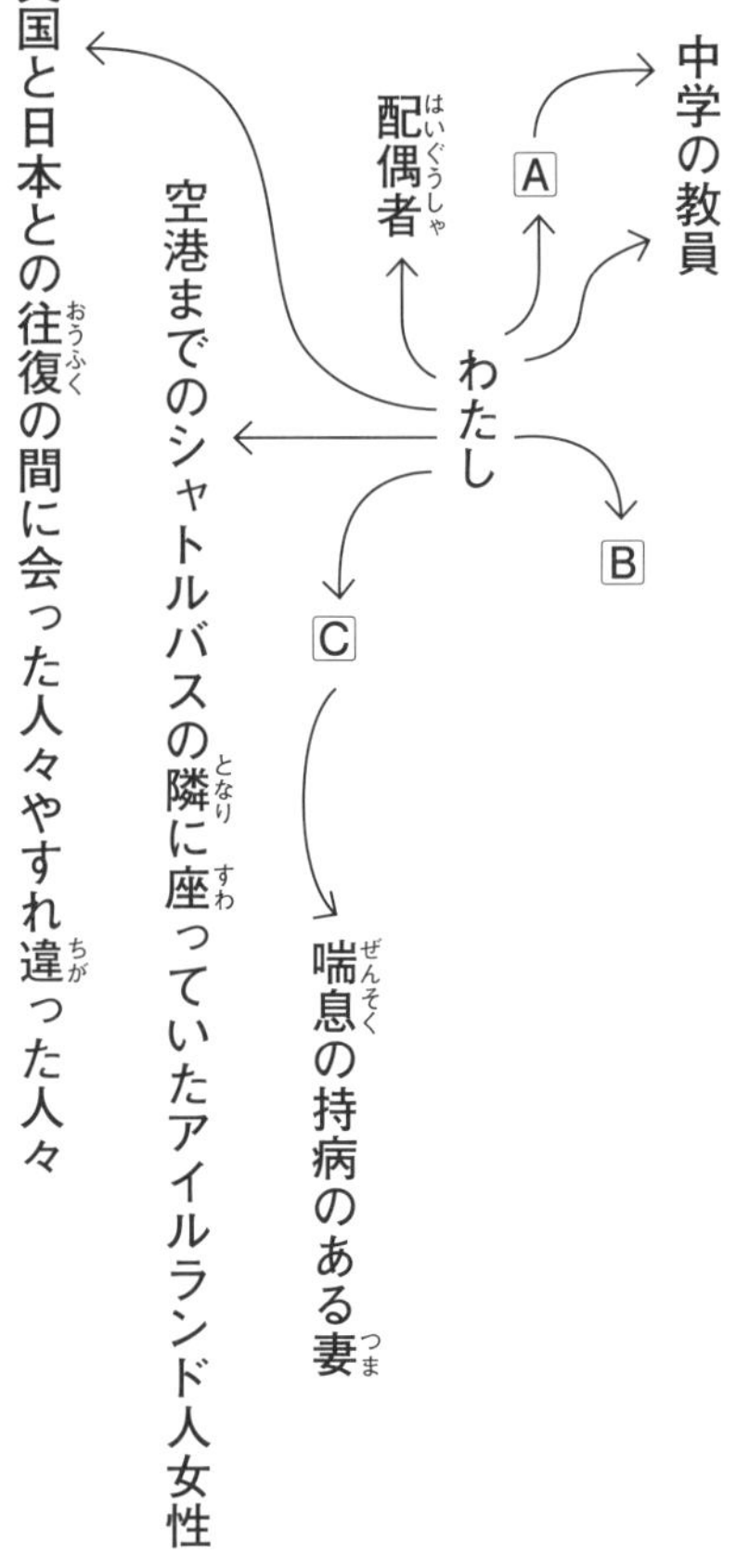

A［　　］

B［　　］

C［　　］

問3 ——線③「巨大《きょだい》な蜘蛛《くも》の巣」とはどのようなものの比喩《ひゆ》ですか。説明しなさい。

［　　　　　　　　　　］

ナビ 問3

「比喩」とは、あるものを別のものにたとえてわかりやすく表現《ひょうげん》することです。比喩表現を理解《りかい》するときには、あるものと別のものの共通点に注目します。

——線③の直後に「背後《はいご》に広がったような」とあるので、本文の中で「広がっていくもの」としてえがかれていたものが何であるかを確認していきましょう。

入試問題にチャレンジ

制限時間 20分　解答 別冊7ページ

次の文章を読んで、あとの問いに答えなさい。

（東京・世田谷学園中）

1　私《わたし》は東京生まれ東京育ちです。父方は四代前まで東京です。四代前は江戸《えど》です。「本郷《ほんごう》も かねやすまでは 江戸のうち」と川柳《せんりゅう》にも詠《よ》まれたX本郷で幼少期《ようしょうき》を過ごしましたので、私もぎりぎり江戸っ子です。そのあとは小石川で育ちました。文京区万歳《ばんざい》！

（中略《ちゅうりゃく》）

2　改めて言うまでもなく、いまの東京は東京の外から来た人が作った街です。それに気付いたのは、大学生になってからでしょうか。四月、上京したてのもさもさした少女は母親ゆずりのアクセサリーで派手《はで》に着飾《きかざ》り、東京人ではないと自ら喧伝《けんでん》します。彼女《かのじょ》たちは雑誌《ざっし》やテレビを見て「いつか私も東京に！」と多少なりとも思っていたわけで、それはまるで炎天下《えんてんか》に鎖《くさり》でつながれていた犬が、ついに鎖をひきちぎって水の入ったボウルに頭から突《つ》っ込《こ》むような勢《いきお》いでした。と言うか私にはそういう風に見えていた。一方、私たち東京育ちは、生まれた時から東京にふわふわ浮《う》いているだけですから、東京に対する*憧憬《しょうけい》や焦《あせ》りのパワーがまったく溜《た》まっていません。

3　私たちがぼんやりしている間に、もっさい少女は何度もトライアル&エラーを繰《く》り返し、夏が終わる頃《ころ》にはシュッとした流行最先端《さいせんたん》の女に姿《すがた》を変えます。そうなると、東京で生まれ育った十八年の*アドバンテージなど屁《へ》のようなもので、あっという間に*TOKYO TRENDは地方出身者に乗っ取られ、彼女たちは地方在住者が憧《あこが》れる東京のスタンダードになります。

4　東京人ではない人が東京を作り、そこで生まれた光はガーッと地方を照らし、誘蛾灯《ゆうがとう》のように地方からまた人を集めてくる。東京人不在《ふざい》の東京狂想曲《きょうそうきょく》の始まりです。

5　社会人になると、東京人の疎外感《そがいかん》はより強くなります。なにかやってやるぜ！　と息巻《ま》いて外から来た人たちが、どんどん東京を変えていく。私たち東京人の想《おも》い出の景色が、地方出身者が地元で夢《ゆめ》見て描《えが》いた東京イメージにどんどん上書きされます。再開《さい》発という名の下《もと》にビルを建てたり壊《こわ》したり。景色と流行《はや》りは猛《もう》スピードで塗《ぬ》り替《か》えられ、子供《こども》の頃と変わらぬ風景なんて下手《へた》したらひとつもない。

6　東京の人間は東京ではマイノリティですから、なにもできずにそれをボーッと見ているだけ。身近に東京があったからこそ、既《き》存《そん》の流行を奪取《だっしゅ》し、塗り替え、牽引《けんいん》するようなパワーは持ち合わ

せていない。これがもっさい東京人の哀《かな》しみです。(中略)

7 地方出身の友達が「東京はみんなのもの」と言ったことがあります。これには大変驚《おどろ》きました。「いろいろしがらみはあるけど、やっぱり落ち着ける地元」を残したまま、東京でやりたい放題やってる癖《くせ》に、なにを自分勝手なことを言っているのか。

8 東京在住の地方出身者は、自分の地元を思い浮かべて頂《いただ》きたい。遠くから大量に、とめどなく人が押《お》し寄《よ》せてきて景色を変え、常《じょう》識《しき》を変え、「だって、ここはみんなのものでしょ」と言ったらどんな気分になるか……。Y 中央区勝鬨橋《かちどきばし》の向こう側まで開発された時のあの喪失感《そうしつかん》! もうここまで奴《やつ》らの*バビロンに……と、私は膝《ひざ》から崩《くず》れ落ちました。(中略)

9 東京を目指す人たちが見ている東京は、東京じゃない人たちが作った東京。東京の人はと言えば、隣《となり》の家も裏《うら》の家も、相続税《ぜい》が払《はら》えずに土地を売る。住人を失った家の庭では、毎年綺麗《きれい》な花を咲《さ》かせていた桜《さくら》の木が切り倒《たお》される。あっという間に、一軒分《いっけんぶん》だった土地に二軒の鉛筆《えんぴつ》みたいな家が建つ。大きなマンションが一棟《いっとう》建てば、知らない人が五百人いっぺんに越《こ》してくる。(中略)

10 地方出身者が移《うつ》り住んだ「首都:東京」と私の「地元:東京」は、共依存《きょういそん》のパラレルワールドです。本来ならそれぞれが独立《どくりつ》するはずの世界が、同じ場所で同じ時間を共有する矛盾《むじゅん》の上に成り立っている。地方在住者から見たら、東京は大事な人と金を吸《す》い上げていく、巨大《きょだい》なブラックホールに見えるかもしれません。

11 東京もあと少し、昔のままの面影《おもかげ》を残せるとありがたいですね。ほんの一部でいいから、そのまま残しておいてくれないかなぁ。景色から想起される過去の記憶《きおく》がないのは、ちょっとさみしいんですよね。でももう「不可侵《ふかしん》の故郷《ふるさと》」なんて、日本中ほとんどこにもないのかも。

(ジェーン・スー『貴様《きさま》いつまで女子でいるつもりだ問題』—一部改変—より)

〈語注〉

* 憧憬 憧れ。慣用《かんよう》読みで「どうけい」とも読む。
* アドバンテージ 有利な立場、条件《じょうけん》。優位《ゆうい》。利益《りえき》。
* TOKYO TREND 東京の流行。
* バビロン かつて栄えた古代都市の名(富と悪徳で繁栄《はんえい》する資本《しほん》主義の象徴《しょうちょう》として用いられる)。

問 次の〈参考文〉Ⅰ・Ⅱを読んで、あとの(1)・(2)の問いに答えなさい。

〈参考文〉

Ⅰ 地方から出てきて「標準語《ひょうじゅんご》」を話す日本近代化の指導層《しどうそう》が、世田谷・杉並《すぎなみ》方面の山の手に居《きょ》を構《かま》える。これに対して土着の「東京方言」を話す人々は、下町に住む。前者は後者を支配《しはい》し、封《ふう》じ込《こ》め、「東京方言」を絶滅《ぜつめつ》に追いこんでいく。そして両者の間を流れる隅田川《すみだがわ》は、前者の進める近代化の犠牲《ぎせい》となり、工場の廃液《はいえき》に満たされ汚濁《おだく》の川と化していったのである。

こうして東京は、独特の三元構造《こうぞう》をとるようになった。新中間階級が住む山の手、繁華街《はんかがい》へと成長した古い下町、そして工場地帯で労働者階級の住む新しい下町である。そして下町イメージの中心は、古い下町から、本所・深川を中心とした新しい下町へとシフトし始めることになる。

Ⅱ　雑誌《ざっし》『女性自身《じょせいじしん》』一九七五年八月一四日号では、まだ「下町」の取り上げ方が確立《かくりつ》していないのである。

ところが、しばらくすると様子が変わってくる。たとえば雑誌『女性セブン』一九七六年八月一一日号の「江戸《えど》のなごりを訪《たず》ねる……東京懐古《かいこ》散歩　古き時代が残る町　東京の下町を歩く」という記事になると、寺社や水路の風景、老舗《しにせ》の店構《がま》えや和菓子《わがし》や工芸品を作る職人《しょくにん》の姿《すがた》をとらえた写真に地図を配するレイアウトといい、「のどかな江戸のムード」「しっとりとした下町情緒《じょうちょ》」「昔ながらの手作りの味」といった常套句《じょうとうく》といい、今日の下町ガイドのスタイルがほぼ確立しているのがわかる。

（橋本健二《はしもとけんじ》『階級都市――格差が街を侵食《しんしょく》する』――一部改変――より）

(1)　東京と一括《くく》りにしても、エリアごとに様々な特色があり、異《こと》なるイメージをもっています。また、時代によっても変化があり、江戸時代と現在《げんざい》とでは同じ場所でも街の様子は大きく変わってきています。次の地図をみて、あとのⅰ・ⅱの問いに答えなさい。

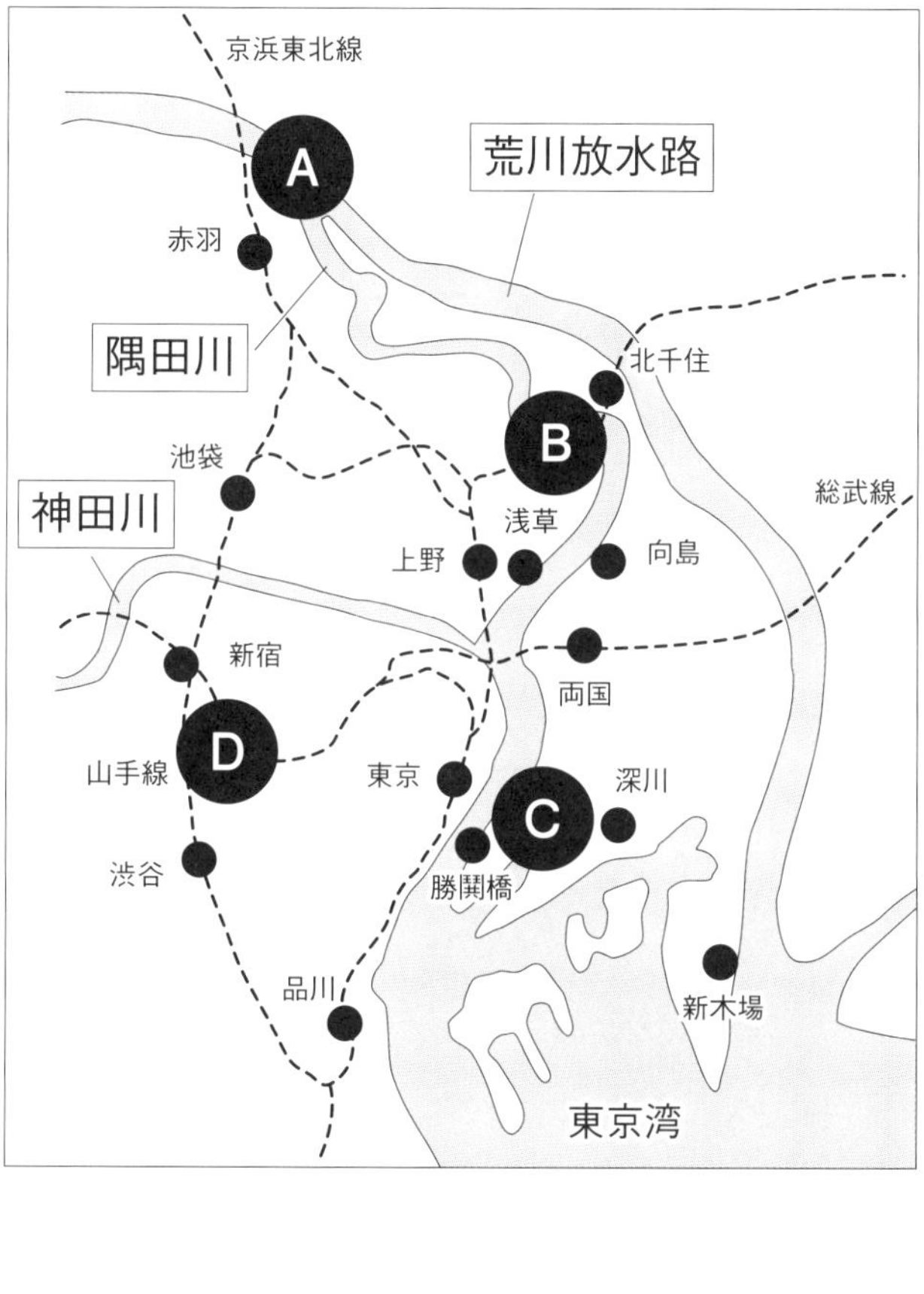

i　本文と〈参考文〉Ⅰ・Ⅱによると、現在「下町」のイメージの中心とされるエリアはこの地図のA～Dのどれにあたりますか。適当《てきとう》なものを一つ選び、記号で答えなさい。　［　　］

ii　地方出身者が憧《あこが》れる「東京」としてイメージされ、「下町」と対比《たいひ》されるエリアはこの地図のA～Dのどれにあたりますか。適当なものを一つ選び、記号で答えなさい。　［　　］

(2)　═══線X「本郷《ほんごう》で幼少期《ようしょうき》を過ごしましたので、私《わたし》もぎりぎり江戸っ子です」という筆者は、═══線Y「中央区勝鬨橋《かちどきばし》の向こう側まで開発された時のあの喪失感《そうしつかん》！」と述《の》べています。このように「勝鬨橋の向こう側」が古き良き時代の東京を代表するものとしてイメージされるのはなぜでしょうか。〈参考文〉Ⅰ・Ⅱをもとに考えた場合、その説明として適当なものを次のア～エの中から一つ選び、記号で答えなさい。

ア　現在の下町のイメージは一九七〇年代半ばになって新しく作りだされたものではあるが、それが定着して拡大《かくだい》するなかで、隅田川《すみだがわ》に架《か》かる勝鬨橋のあたりも懐《なつか》しい東京を想起させる象徴《しょうちょう》的な場所としてとらえられるようになったから。

イ　地方から出てきて「標準語《ひょうじゅんご》」を話す指導層《しどうそう》によって東京が作られ、隅田川に架かる勝鬨橋のあたりが工業地帯として開発されていく姿に、繁栄《はんえい》を約束された東京の未来を思い描《えが》くことのできた時代があったから。

ウ　隅田川に架かる勝鬨橋のあたりは江戸時代から続く観光名所であり、その伝統《でんとう》は近代化の影響《えいきょう》を受けることなく引き継《つ》がれ、一九七〇年代に雑誌の特集を通じて、職人の住む地域《ちいき》としてより多くの人々にイメージが共有されるようになったから。

エ　近代化の犠牲《ぎせい》となった地域には勝鬨橋のあたりも含《ふく》まれており、公害を乗り越《こ》えた逞《たくま》しさが伝統として残っているため、開発の対象となっても変わらない強さを持つ地域だと人々に信じられるようになったから。

［　　］

ヒント

● (1)の地図は、地名などから、**東京の一部を示《しめ》したもの**であると思われます。この地図に書かれている地名を文章中から見つけ、印をつけたうえで、その前後を再確認《さいかくにん》すると、問題を解《と》きやすくなります。

● (1)のiは、〈参考文〉Ⅰの後半に明記された**「本所・深川」**から選びましょう。

● (2)は、**本文の5段落《だんらく》の内容《ないよう》**と**〈参考文〉Ⅰ・Ⅱの内容**をもとにして、選択肢《せんたくし》を検討《けんとう》していきましょう。

2 表・グラフの問題

解答 別冊10ページ

例題

次の資料《しりょう》を見て、あとの問いに答えなさい。

【資料1】

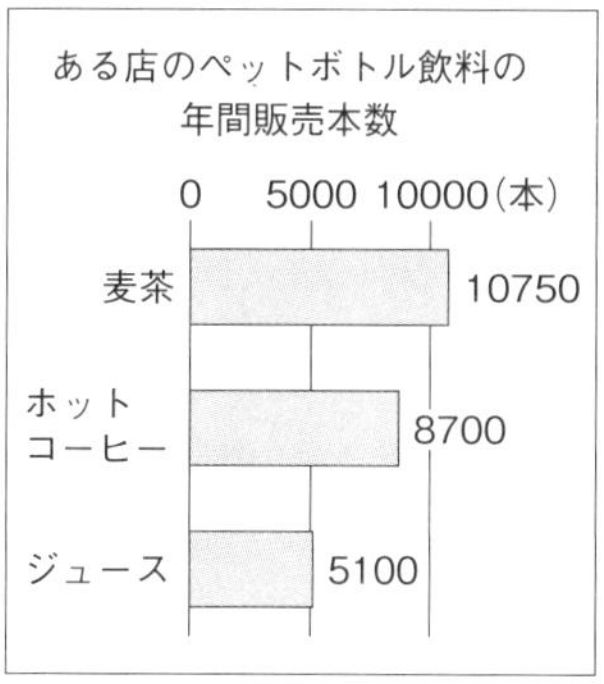

【資料2】

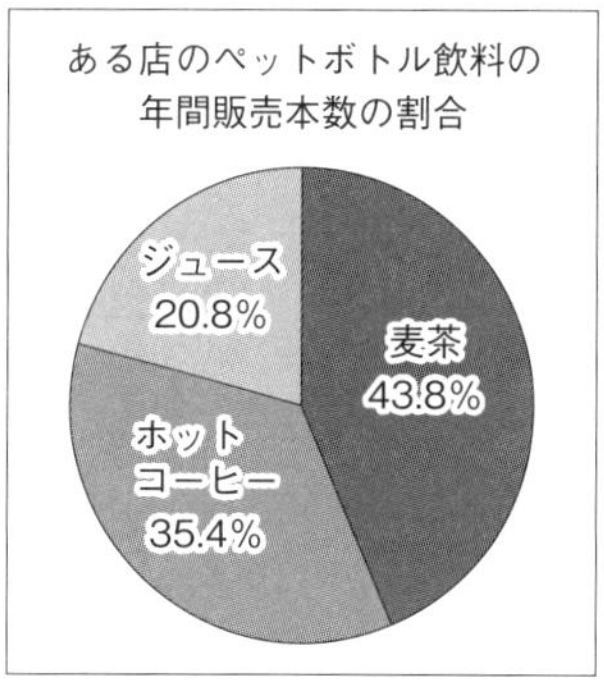

【資料3】

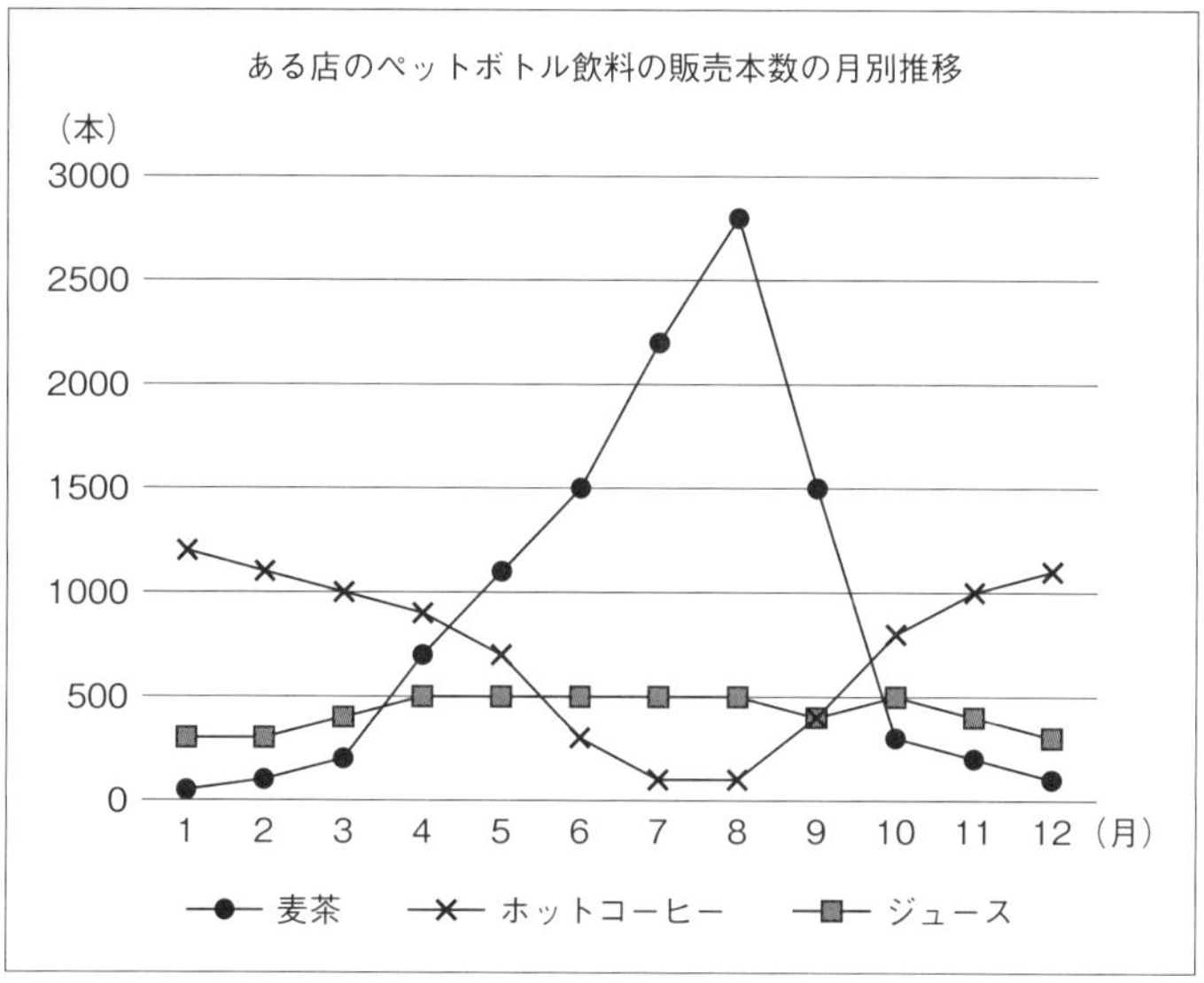

入試傾向

表・グラフから、情報《じょうほう》を読み取る問題です。
表・グラフから数値《すうち》などを抽出《ちゅうしゅつ》する力、それらを分析《ぶんせき》し、特徴《とくちょう》や傾向《けいこう》をつかむ力などが問われます。

ステップ1

タイトル(見出し)・単位に注目する

まずは、表やグラフの**タイトル(見出し)**と**単位**に注目して、**何のどのような値《あたい》を示《しめ》しているのか(調査《ちょうさ》項目《こうもく》・対象《たいしょう》・個数《こすう》・年月・%など)**をつかみましょう。

ステップ2

グラフの種類を確認《かくにん》する

グラフは、**種類**によって読み取りやすい情報が異《こと》なります。**どのような情報が読み取れる種類のグラフか**を考えましょう。

☑**棒《ぼう》グラフ…数値《すうち》の差**

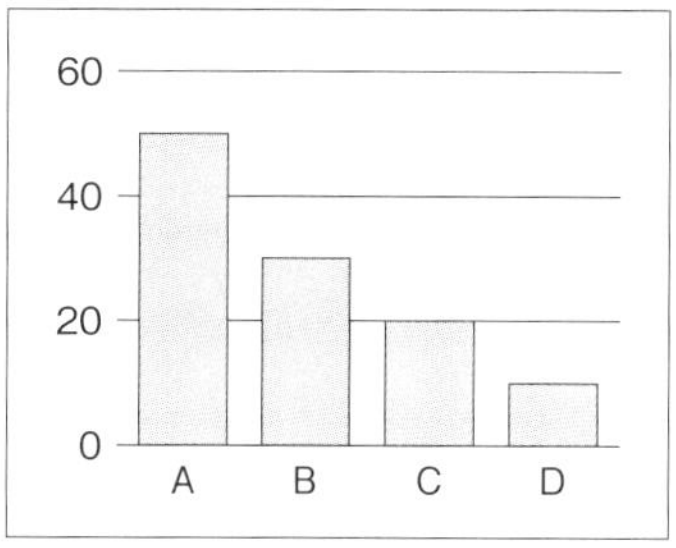

☑**折れ線グラフ**
…数値の変化・傾向

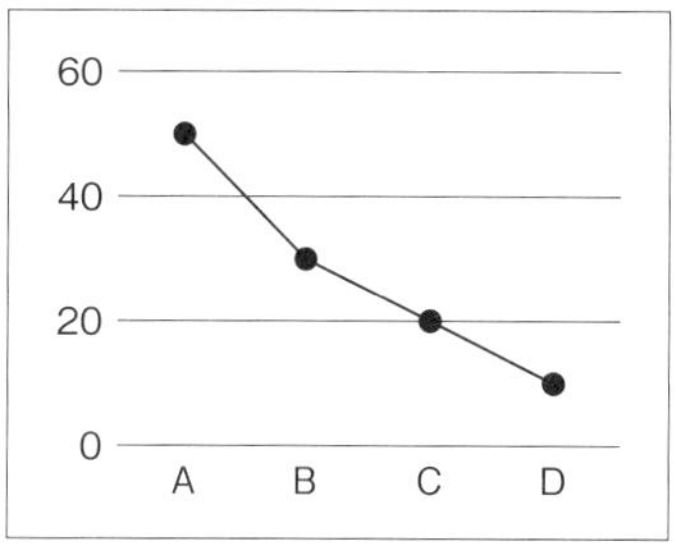

問1 この店のペットボトル飲料で、最も売れている種類を答えなさい。また、その年間販売《はんばい》本数を算用数字で答えなさい。

種類［　　　　］　年間販売本数［　　　　本］

問2 次の【資料をもとにした話し合いの一部】を読んで、あとの問いに答えなさい。

【資料をもとにした話し合いの一部】

Aさん　この店では、［Ⅰ］月に麦茶が2500本以上売れているね。

Bさん　やっぱり麦茶は暑い時期に飲みたくなるのかな。でも、一月や十二月などは、売れている数が少ないみたいだ。逆《ぎゃく》にホットコーヒーは［Ⅱ］ようだね。

Aさん　ジュースは、時期による販売本数の変動はほとんどないみたいだけれど、年間販売本数は全体の約［Ⅲ］割《わり》だね。ジュースの販売本数が多くなれば、この店の売り上げはもっと伸《の》びるかもしれないな。

(1) ［Ⅰ］・［Ⅲ］にあてはまる数字を、それぞれ漢数字一字で答えなさい。

Ⅰ［　　］　Ⅲ［　　］

(2) ［Ⅱ］にあてはまることばとして最も適切《てきせつ》なものを次から一つ選び、記号で答えなさい。

ア　夏に売れていて、冬は売れていない
イ　冬に売れていて、夏は売れていない
ウ　春や秋に売れていて、夏や冬は売れていない

［　　］

☑円グラフ・帯グラフ
…割合・割合の差

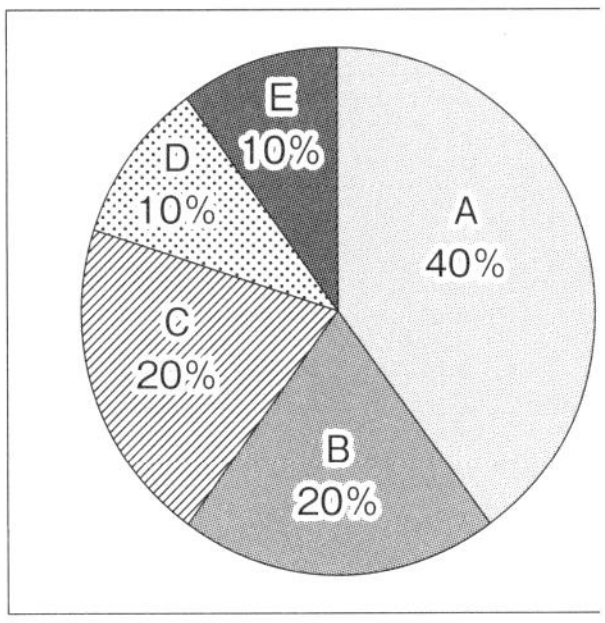

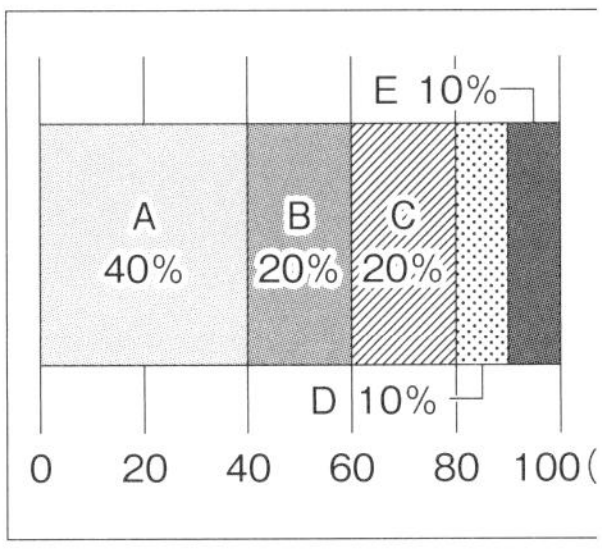

【資料1】〜【資料3】には、タイトル（見出し）から、「ある店のペットボトル飲料の販売本数」の情報が示されていることがわかります。

問1 では「最も売れている種類」を問われているので、販売本数の差がわかる【資料1】の棒グラフで確認します。

問2 (1)の［Ⅰ］には「月」が続くので【資料3】、［Ⅲ］には「割合」が入るので【資料2】の円グラフに注目しましょう。(2)の［Ⅱ］には年間を通したホットコーヒーの売れ方の傾向があてはまるので、【資料3】のホットコーヒーの折れ線グラフ（✕）から傾向を読み取って考えましょう。

ポイント

表・グラフの中の極端《きょくたん》に高い・低い（多い・少ない）数値に注目しましょう。特徴・傾向を読み取る重要なヒントです。

ナビゲーションつき練習問題①

新傾向

問　次の【グラフ】の中の日本の空家数の変化に着目し、そこから読み取れることを一つあげ、四十字程度《ていど》で書きなさい。その際《さい》、（注意事項《じこう》）の１・２にしたがうこと。

（埼玉・大宮開成中）

（注意事項）
１　文の主語を明らかにすること。
２　数字を表記する際、次の例を参考にすること。
（例　三百万戸　一九八五年　二〇〇〇年）

解答ナビゲーション

ナビ　問

設問《せつもん》では、

「数の変化」に着目
　↓
「読み取れること」をまとめる

ということが求められています。

つまり、空家数の変化のみを結論《けつろん》にはせず、

「空家数の変化」
　↓
「それがどういうことを意味しているか」

という形で書くと、よい答えになります。

解答　別冊10ページ

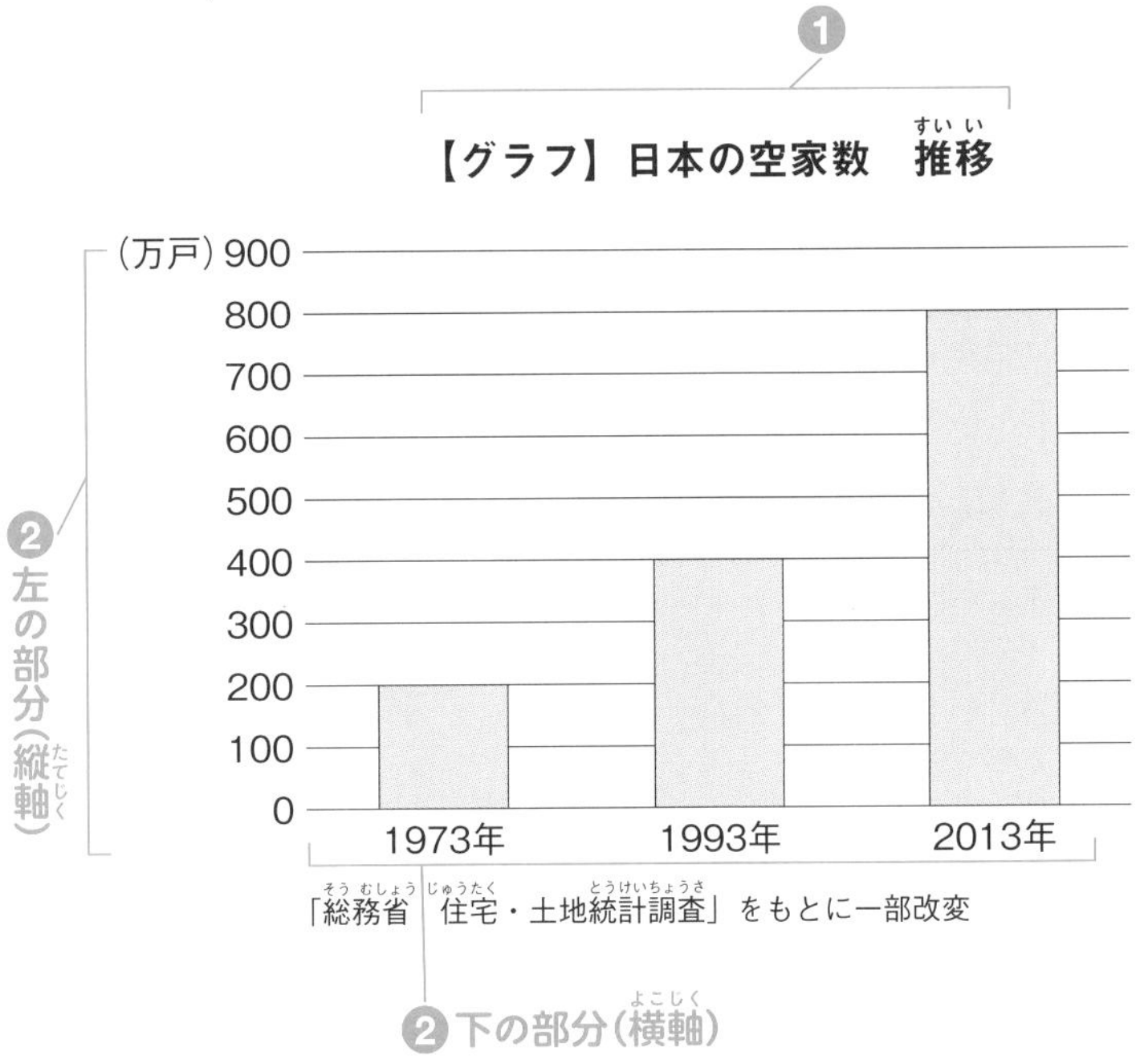

「総務省《そうむしょう》　住宅《じゅうたく》・土地統計調査《とうけいちょうさ》」をもとに一部改変

読解ナビゲーション

ナビ 1

グラフは、上部のタイトル(見出し)から、「日本の空家数の推移」についての情報《じょうほう》が示《しめ》されていることがわかります。

また、棒《ぼう》グラフであることから、数値《すうち》の差が読み取りやすくなっています。

ナビ 2

棒グラフは、

- 「基準《きじゅん》とすること」＝下の部分(横軸)
- 「変化していくこと」＝左の部分(縦軸)

が数値として表現されています。

問 のグラフは、下の部分(横軸)から、20年ごとに調べているということが、左の部分(縦軸)から、空家数がそれぞれ二倍になっていることがわかります。

ナビゲーションつき練習問題②

次の【グラフ】は、ふだんの生活の中で人々が何から情報《じょうほう》を得《え》ているかを年代別に調べたものです。これをみて、あとの問いに答えなさい。

（埼玉・春日部共栄中）

①

【グラフ】ふだん情報収集《しゅうしゅう》に最も使っている媒体《ばいたい》／テレビを除《のぞ》く

全国15歳以上《さいいじょう》の男女（1万人）へのアンケート
2016（平成28）年実施《じっし》　単位％
参考　内閣府《ないかくふ》「日常《にちじょう》生活における防災《ぼうさい》に関する意識《いしき》や活動についての調査《ちょうさ》結果」

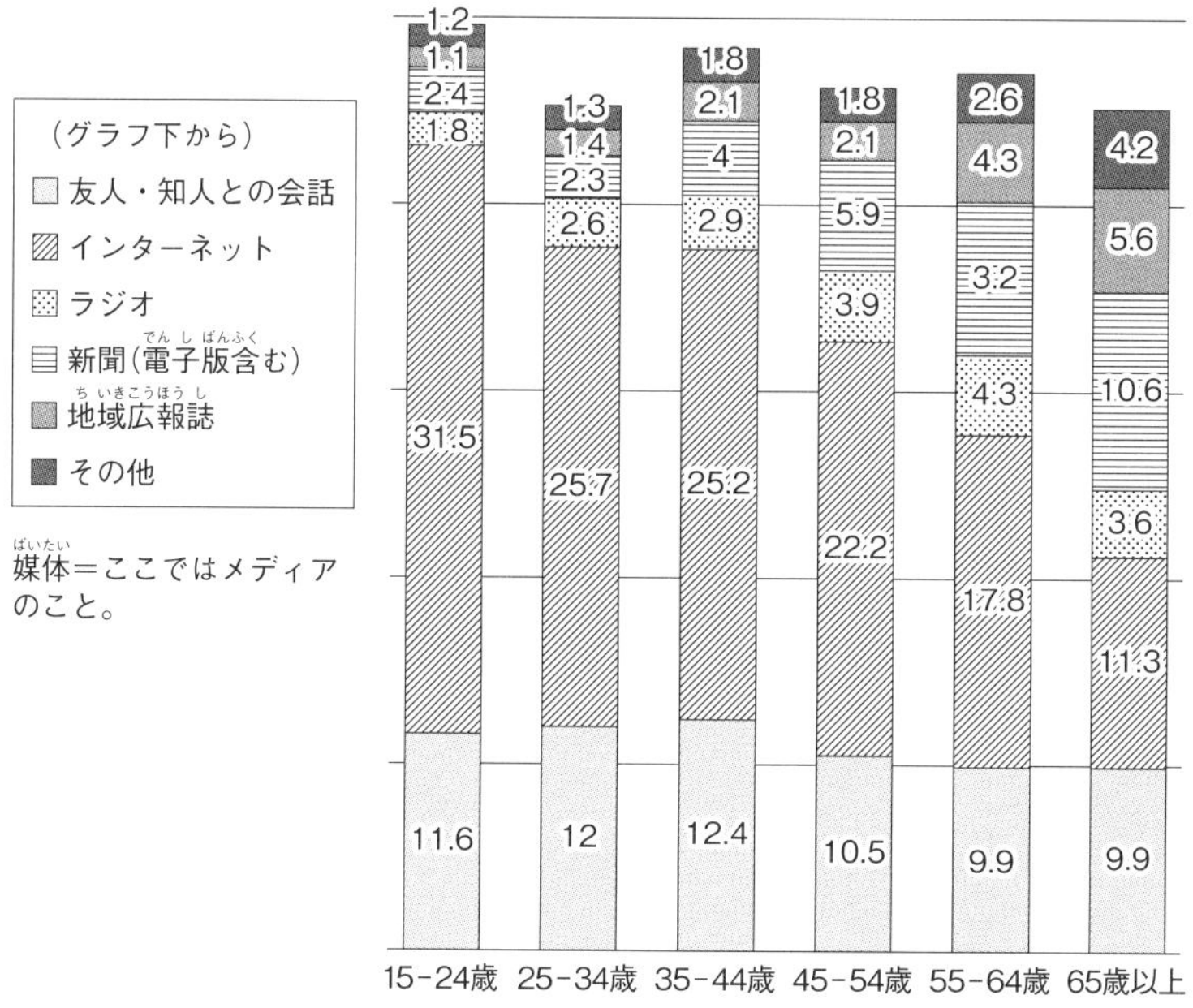

媒体《ばいたい》＝ここではメディアのこと。

読解ナビゲーション

ナビ①

【グラフ】は、上部のタイトル（見出し）から、「ふだん情報収集に最も使っている媒体／テレビを除く」についての情報が示《しめ》されていることがわかります。

またこの【グラフ】では、同じ媒体の割合《わりあい》の数値《すうち》を示す部分が、

▨＝インターネット
▤＝新聞（電子版含む）

など、同じ色やもようで統一《とういつ》されているため、その媒体が使われている年齢層《ねんれいそう》ごとの割合の差がどのくらいであるかが、見た目でわかりやすくなっています。

解答 別冊11ページ

新傾向

問1 **【グラフ】**から、特徴的《とくちょうてき》な媒体を一つあげ、その特徴と、そのようになる理由として考えられることを説明しなさい。

特徴的な媒体 ［　　　］

媒体の特徴とそのようになる理由

［　　　　　　　　　　］

問2 ふだん、あなたが情報を得るためによく利用している媒体を**【グラフ】**にあるものから一つ選び、その利点と欠点を説明しなさい。

よく利用している媒体 ［　　　］

その利点と欠点

［　　　　　　　　　　］

解答ナビゲーション

ナビ 問1

設問《せつもん》の**「特徴的な～」**は、「極端《きょくたん》にちがいが大きいもの」として考えると、まとめやすくなります。

【グラフ】では、

▨＝「インターネット」

▤＝「新聞（電子版含む）」

の、**15～24歳**と**65歳以上**の割合の差が極端に大きいので、ここに注目するとよいでしょう。

ナビ 問2

ここで解答《かいとう》として求められているのは、あくまでも客観的・一般的《いっぱんてき》な「利点」と「欠点」です。「自分個人《こじん》が好きか嫌《きら》いか」などの主観的な感想を書いてはいけません。

● **例：インターネット**

利点…場所や時間にしばられず、簡単《かんたん》に情報を手に入れられる

欠点…情報の信頼性《しんらいせい》にやや欠ける

のように、客観的・一般的な答えとして考えられる「利点」と「欠点」をきちんと説明するようにしましょう。

ナビゲーションつき練習問題③

解答 別冊13ページ

次の文章および【グラフ】を読んで、あとの問いに答えなさい。

（神奈川・鎌倉学園中）

❶

1 会議とは、明瞭《めいりょう》かつダントツに、その企業《きぎょう》の体質《たいしつ》が見える場所です。国内十九企業の会議を調査《ちょうさ》し、目的は明確《めいかく》か、どこまで決めるかを設定《せってい》しているか、決定事項《じこう》がその後きちんと執行《しっこう》されるかなど、六十七項目について採点《さいてん》し二〇一四年に発表しました。その結果は見事に業績《ぎょうせき》と比《ひ》例《れい》しました。

❷

2 欧米《おうべい》の伝統的《でんとうてき》な大企業では、リーダーシップを軸《じく》にした運営《うんえい》が主流です。社内の各階層《かくかいそう》に明確な責任《せきにん》と権限《けんげん》を与《あた》えたリーダーを配置。各リーダーは部下から情報《じょうほう》と提言《ていげん》を広く集め、最後は個人《こじん》の責任で取捨選択《しゅしゃせんたく》する。意思決定は迅速《じんそく》で、リーダーが有能《ゆうのう》なら機能的です。

3 ❷一方、＊米シリコンバレーの＊ＩＴ企業に象徴《しょうちょう》される新興《しんこう》企業に、合意形成を軸とした運営形態《けいたい》が出てきました。彼《かれ》らの勢《いきお》いを見れば、リーダーシップ型《がた》より発展性《はってんせい》が高いと考えられます。❷ただ、合意を重んじる運営は一歩間違《まちが》えれば何も決まらず、迷走《めいそう》します。実際《じっさい》、日本では合意形成が尊重《そんちょう》されてきましたが、そのためのルールも社員の自覚も足りず、停滞《ていたい》する企業が多いように思います。

（平成三十一年四月二十八日付「朝日新聞《あさひしんぶん》」より）

読解ナビゲーション

ナビ❶

1段落《だんらく》には、**「会議」**には**「企業の体質」**が表れ、会議の質《しつ》がその企業の業績につながっているという内容《ないよう》が書かれています。

ナビ❷

3段落のはじめには、「一方」という対比《たいひ》を表す接続語《せつぞくご》があるので、2段落と3段落は一つのまとまりとして読みましょう。

2段落では**欧米の伝統的な企業**のようす、3段落の前半では**欧米の新しい企業**のようすが書かれています。

また、3段落の半ばの「ただ」のあとに、**日本の企業**のようすが書かれています。

これらをふまえ、2～3段落をまとめると、

- 欧米の新しい企業は、会議を通した合意形成を軸にした運営でうまくいっている

〈語注〉
＊米シリコンバレー　アメリカカリフォルニア州のＩＴ企業が集中する地帯。
＊ＩＴ企業　情報技術《ぎじゅつ》に関連した事業をおこなう企業。

3

【グラフ】会議の実施《じっし》と会社の業績

ジェイアール東海エージェンシー「ビジネスパーソンの『社内会議』に関する調査」（2016年）から。20〜69歳《さい》の男女１千人にインターネットで調査

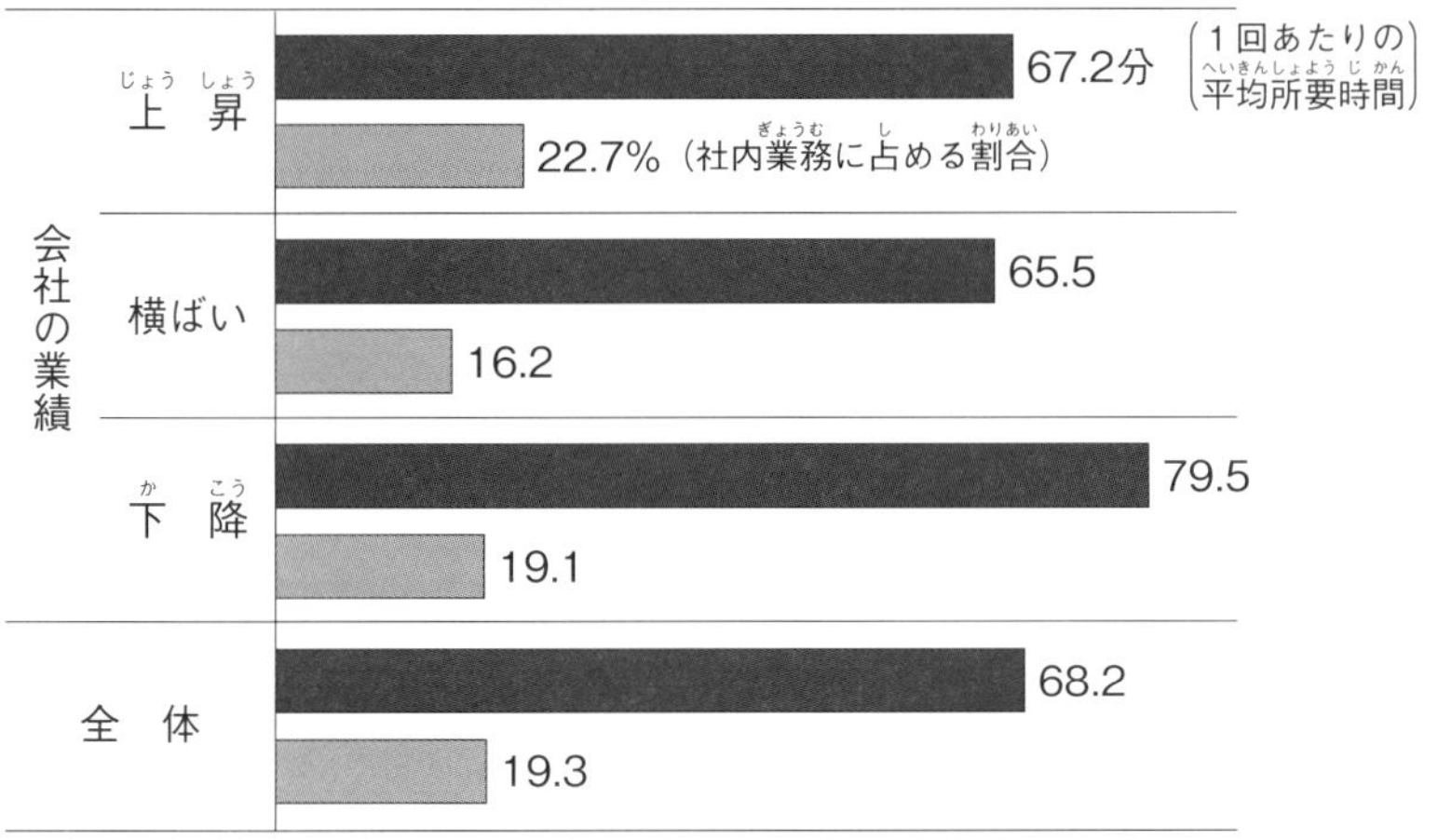

（令和《れいわ》元年五月十二日付「朝日新聞」を一部改変《かいへん》）

●日本の企業の多くは、合意を重んじるあまり、結局何も決まらず、運営が迷走しているという内容が書かれていることがわかります。

ナビ 3

この棒《ぼう》グラフは、**「会議の実施と会社の業績」についての情報**を表しています。「業績」が**上昇・横ばい・下降**している会社の、「（会議）１回あたりの平均所要時間」「社内業務に占める（会議の）割合」の差などがわかります。

会議１回あたりの平均所要時間のグラフ（■）を見ると、業績が**上昇**している会社と**横ばい**の会社では、上昇している会社の方が、やや長い時間会議をしています。

しかし、業績が**上昇**している会社と**下降**している会社の会議時間を比《くら》べると、下降している会社の方が会議時間が長いのです。よって、単純《たんじゅん》に「会議時間が長いと、業績がよくなる」とは判断《はんだん》できません。

一方、会議の割合のグラフ（□）を見ると、業績が上昇している企業の割合は22・7％、**下降**している企業の割合は19・1％です。ここから、業績が**下降**している企業は、全体の仕事時間が長いために会議の時間も長くなっていると推測《すいそく》できます。

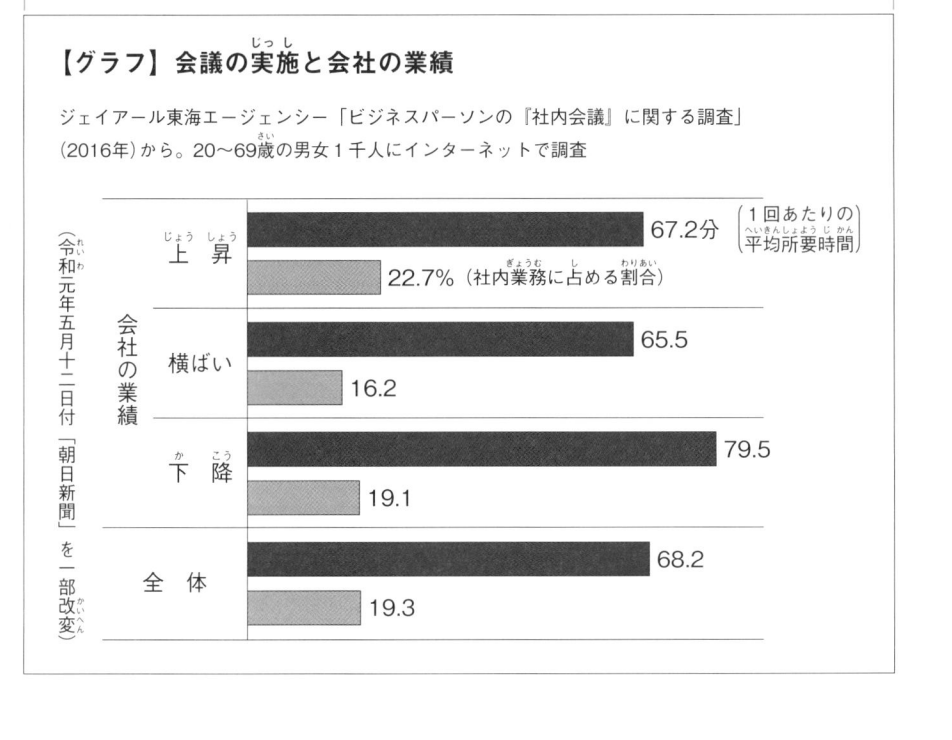

新傾向

問1 会議の実施《じっし》と会社の業績《ぎょうせき》とに相関関係があると仮定《かてい》した場合に、この二つの関係について【グラフ】から読み取れることを五十字以内で書きなさい。

解答ナビゲーション

問1 では、「**会議の実施と会社の業績**」の関係について、【グラフ】から読み取れることが問われています。

ナビ **問1**

グラフや表から情報《じょうほう》を読み取るときは、項目《こうもく》ごとの事例を、**一つずつ具体的に思いうかべてみる**とよいでしょう。

- 会社の業績が**上昇《じょうしょう》している**場合、**会議の実施時間**や社内業務《ぎょうむ》に占《し》める**会議の割合《わりあい》**の数値《すうち》はどうなっているのか
- 逆《ぎゃく》に業績が**下降《かこう》している**場合、**会議の実施時間**や社内業務に占める**会議の割合**の数値はどうなっているのか

などのように、事例を具体的に頭の中でイメージしてみることが大切です。

これらの事例から情報を抽出《ちゅうしゅつ》し、そこから客観的に読み取れることを、指定された字数でまとめましょう。

問2 **文章の内容《ないよう》に合うものとして、最も適切《てきせつ》なものを次から一つ選び、記号で答えなさい。**

ア　欧米《おうべい》のリーダーシップ型《がた》企業《きぎょう》は一度決まったことをすぐに実行に移《うつ》せるが、合意形成を大事にする日本の企業は実行がおそいため今後も発展《はってん》しないことが予想される。

イ　合意形成を軸《じく》とした運営形態《うんえいけいたい》は迅速《じんそく》に意思決定できる点でリーダーシップ型より発展性《せい》があるが、そのためには合意形成のためのルール作りが不可欠《ふかけつ》である。

ウ　欧米の伝統的《でんとうてき》な大企業はリーダーに明確《めいかく》な責任《せきにん》と権限《けんげん》を与《あた》えることで迅速な意思決定を実現《じつげん》するが、リーダー以外の社員は意見を述《の》べることができない。

エ　欧米ではリーダーシップを軸とした運営をする伝統的な企業と合意形成を軸とした運営形態をとる新興《しんこう》企業とが存在《そんざい》するが、どちらにも利点と欠点が存在する。

［　　　　］

ナビ 問2

ナビ❶・❷の内容をふまえると、この問題の文章には、

- 「会議」には「**企業の体質**」が表れ、**会議の質《しつ》**がその企業の**業績**につながっている
- **欧米の伝統的企業**は、意思決定が迅速なリーダーシップを軸にした運営が主流
- **欧米の新しい企業**は、会議を通した合意形成を軸にした運営でうまくいっている
- **日本の企業**の多くは、合意を重んじるあまり、結局何も決まらず、運営が迷走《めいそう》している

という内容が書かれているとわかります。

文章の内容と選択肢《せんたくし》を一つずつ照らし合わせて、合うものを選びましょう。

ナビゲーションつき練習問題④

解答 別冊14ページ

次の【図1】〜【図3】は、二〇二一年の二月に全国の十八歳《さい》から七十九歳の男女三千人を対象《たいしょう》に実施《じっし》された男女平等に関する世論調査《せろんちょうさ》の結果です。

（愛知・名古屋中）

【図1】「社会全体」で男女は平等になっているか

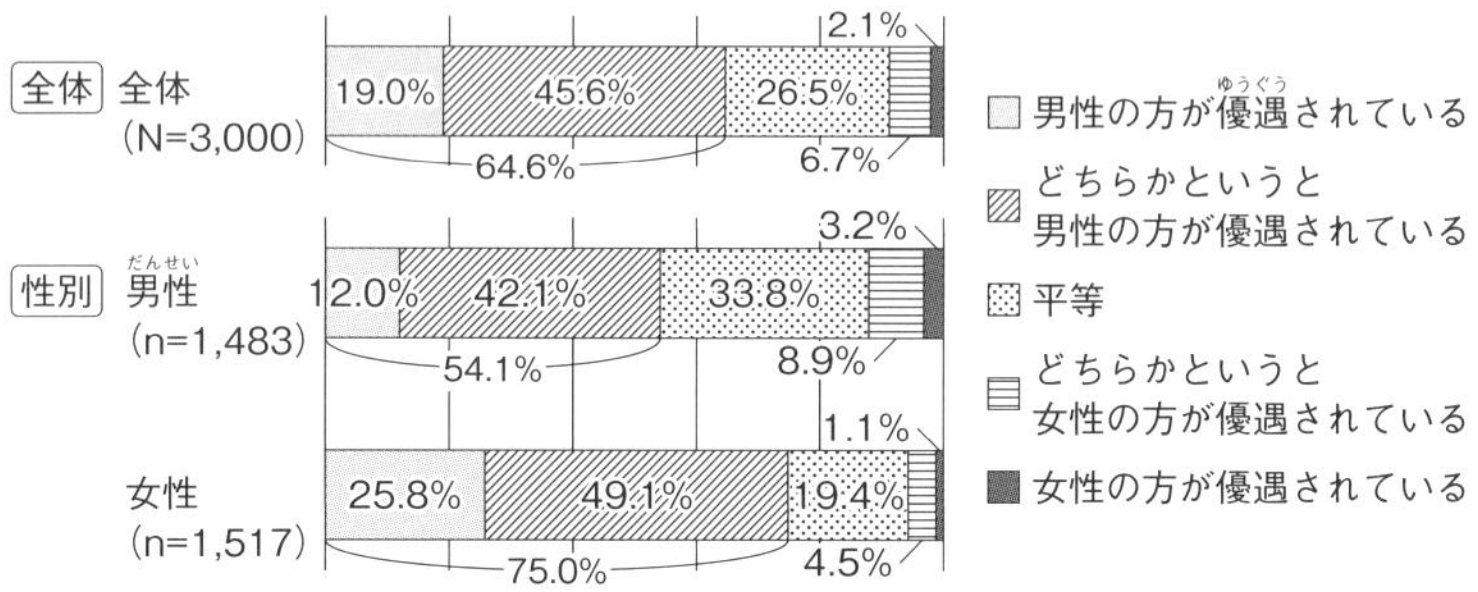

【図2】分野別「男性の方が優遇されている」回答率《りつ》（全体）（N=3,000）

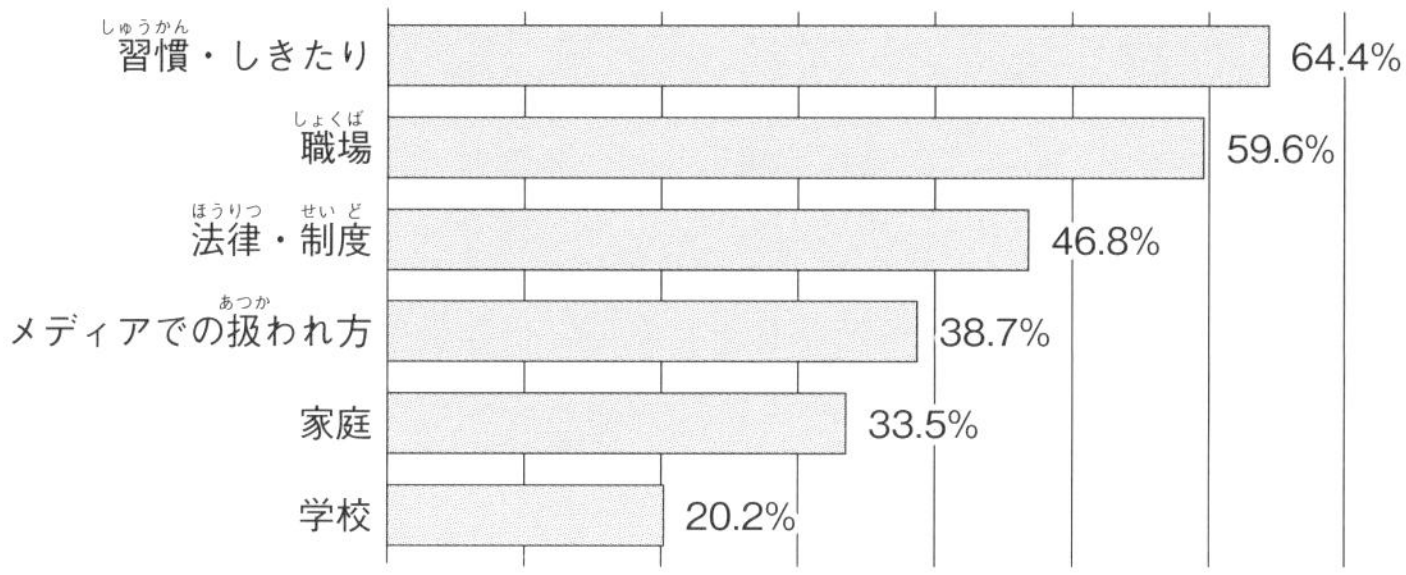

読解ナビゲーション

ナビ❶

【図1】のグラフは、上部のタイトル（見出し）から、「社会全体」で男女は平等になっているかについての情報《じょうほう》が示《しめ》されていることがわかります。

また、帯グラフであることから、各項目《かくこうもく》の数値《すうち》の割合《わりあい》・割合の差が読み取りやすくなっています。

ナビ❷

【図2】のグラフは、上部のタイトル（見出し）から、分野別の「男性の方が優遇されている」という回答の回答率が示されていることがわかります。

タイトル（見出し）に「（全体）」とあるのは、このグラフの数値が、男性と女性の回答すべてを合わせたものだということを表しています。

また、棒《ぼう》グラフであることから、数値の差が読み取りやすくなっています。

【図３】分野別「男性の方が優遇されている」回答率（性別）

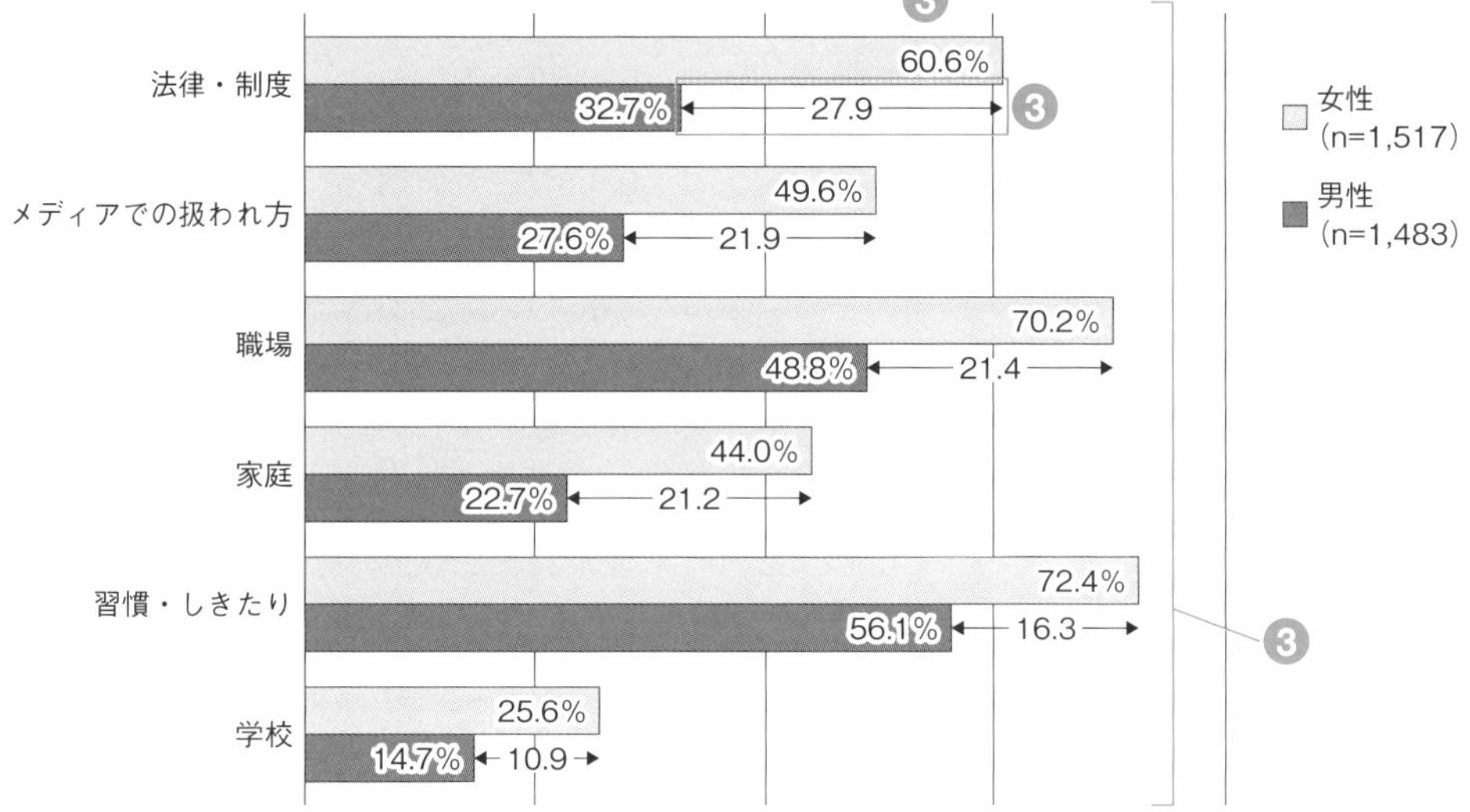

（注）【図１】・【図３】は、小数点第２位を四捨五入《ししゃごにゅう》しているため、合計が合わないことがあります。
［出典］電通総研《でんつうそうけん》「電通総研コンパス」第６回調査（ジェンダーに関する意識調査）

ナビ ❸

【図３】のグラフは、上部のタイトル（見出し）から、分野別の「男性の方が優遇されている」という回答の回答率についての情報が示されていることがわかります。

タイトル（見出し）に「（性別）」とあるのは、このグラフが、男性と女性の回答を分けたものだということを表しています。

これも棒グラフであることから、数値の差が読み取りやすくなっています。

■が男性の回答、□が女性の回答です。

←→の間に書かれている数値は、男性と女性の回答率の差を表しています。**縦《たて》の項目がどのような順番で並《なら》べられているのか**にも注意して、情報を読み取りましょう。

新傾向

問 次は、【図1】〜【図3】を見ての生徒の意見のやりとりです。この六人の中で、調査《ちょうさ》結果を明らかにまちがえて解釈《かいしゃく》している人を二人選び、記号で答えなさい。

ア　Aさん　学校のなかで過《す》ごしていると男女平等が当たり前と思っていたので、【図1】を見ると、全体で四分の一くらいの人しか平等といっていないのに驚《おどろ》いたよ。四分の三くらいは男女のどちらかが優遇《ゆうぐう》されているって考えているんだね。

イ　Bさん　そのなかでも男性《だんせい》の方が優遇されていると考える人が男女問わず圧倒的《あっとうてき》に多いね。男性でも半分を超《こ》えているし、女性だと四分の三もいるよ。男女全体だと約三分の二か。

ウ　Cさん　でも女性の方が優遇されていると感じる人は女性より男性の方が多いね。やっぱり「異性《いせい》の方が自分達の性別より優遇されている」と考える人の方が多いってことだね。

エ　Dさん　【図2】をみると職場《しょくば》や家庭よりも学校と答えた人が一番少ないね。ということはAさんの言うとおり学校では平等に感じている人が多いのかな。

オ　Eさん　【図3】をみると、男女で認識《にんしき》に差の大きいものがたくさんあるけれど、男女の差が大きい分野ほど、【図2】のグラフでも「男性の方が優遇されている」と考えている人の割合《わりあい》が多い結果になっているね。

カ　Fさん　【図2】が示《しめ》す「男性の方が優遇されている」とされる分野の大きさの順番は、【図3】の「男性」が回答する「男性の方が優遇されている」と考える割合の大きさの順番と一致《いっち》しているんだね。

解答ナビゲーション

ナビ **問**

この **問** は、グラフの情報《じょうほう》を読み取ることよりも、選択肢《せんたくし》の内容《ないよう》とグラフの情報を照らし合わせることが難《むずか》しい問題です。選択肢を丁寧《ていねい》に読み、**各人物の発言の内容が、【図1】〜【図3】のグラフの情報と合っているかどうか**を、慎重《しんちょう》に判定《はんてい》していきましょう。

以下は、選択肢の発言中で述《の》べられている、グラフの情報のみをぬき出してまとめたものです。

ア
●【図1】から「全体で四分の一くらいの人しか平等といっていない」とわかる
●【図1】から「四分の三くらいは男女のどちらかが優遇されていると考えている」とわかる

イ
●【図1】から「男性の方が優遇されていると考える人が男女問わず圧倒的に多い」とわかる
●【図1】から「男性の方が優遇されている」と考える人は、「男性でも半分を超えている」「女性だと四分の三もいる」「男女全体だと約三分の二（いる）」とわかる

[ ]

[ ]

ウ
●【図1】から「女性の方が優遇されていると感じる人は女性より男性の方が多い」とわかる
●【図1】から「『異性の方が自分達の性別より優遇されている』と考える人の方が多い」とわかる

エ
●【図2】から「職場や家庭よりも学校と答えた人が一番少ない」とわかる
●【図2】から「学校では平等に感じていると思う人が多い」とわかる

オ
●【図3】から「男女で認識に差の大きいものがたくさんある」とわかる
●【図3】の「男女の差が大きい分野」ほど、【図2】のグラフでも「割合が多い」とわかる

カ
●【図2】の「『男性の方が優遇されている』とされる分野の大きさの順番」は、【図3】の「『男性』が回答する『男性の方が優遇されている』と考える割合の大きさの順番と一致している」とわかる

ナビゲーションつき練習問題⑤

田中《たなか》さんのクラスでは、何か興味《きょうみ》のあることについて調べて、授業中《じゅぎょうちゅう》に発表することになりました。田中さんは、日本を旅行で訪《おとず》れる外国人について調べることにしました。次は、田中さんが見つけた資料《しりょう》と、発表原稿《げんこう》です。これらを読んで、あとの問いに答えなさい。

（富山・片山学園中・改）

【田中さんが見つけた資料】

【資料１】 訪日《ほうにち》外国人旅行者数の推移《すいい》

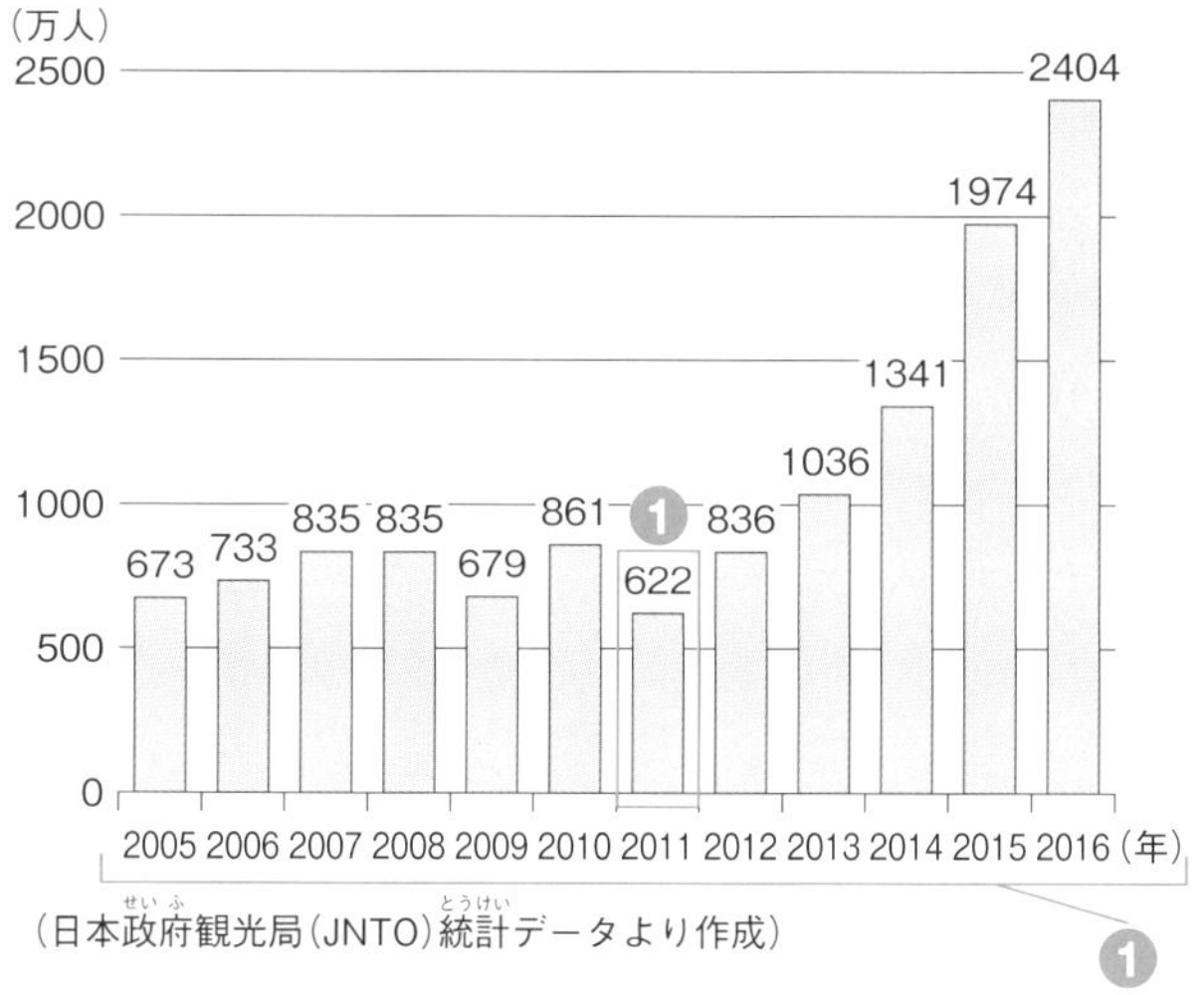

（日本政府《せいふ》観光局（JNTO）統計《とうけい》データより作成）

読解ナビゲーション

ナビ ❶

グラフの読み取りでは、数値《すうち》が**変化している部分**に注意しましょう。

特に、**数字の伸《の》び方や減《へ》り方が急激《きゅうげき》に変化したり**、あるいは、**増《ふ》えてきていたのに急に減った**部分を見つけたら、**そのときにどんなことがあったのか**を考えることが大切です。

たとえば、**【資料１】**のグラフでは、「２０１１年」の項目《こうもく》の数値が急に低くなっています。これは、２０１１年３月に発生した東日本大震災《ひがしにほんだいしんさい》の影響《えいきょう》で、日本を訪れる観光客が一時的に減ったためだと考えられます。

解答 別冊15ページ

【資料2】 出発前に得《え》た旅行情報源《じょうほうげん》で役にたったもの（複数回答《ふくすうかいとう》）

❷

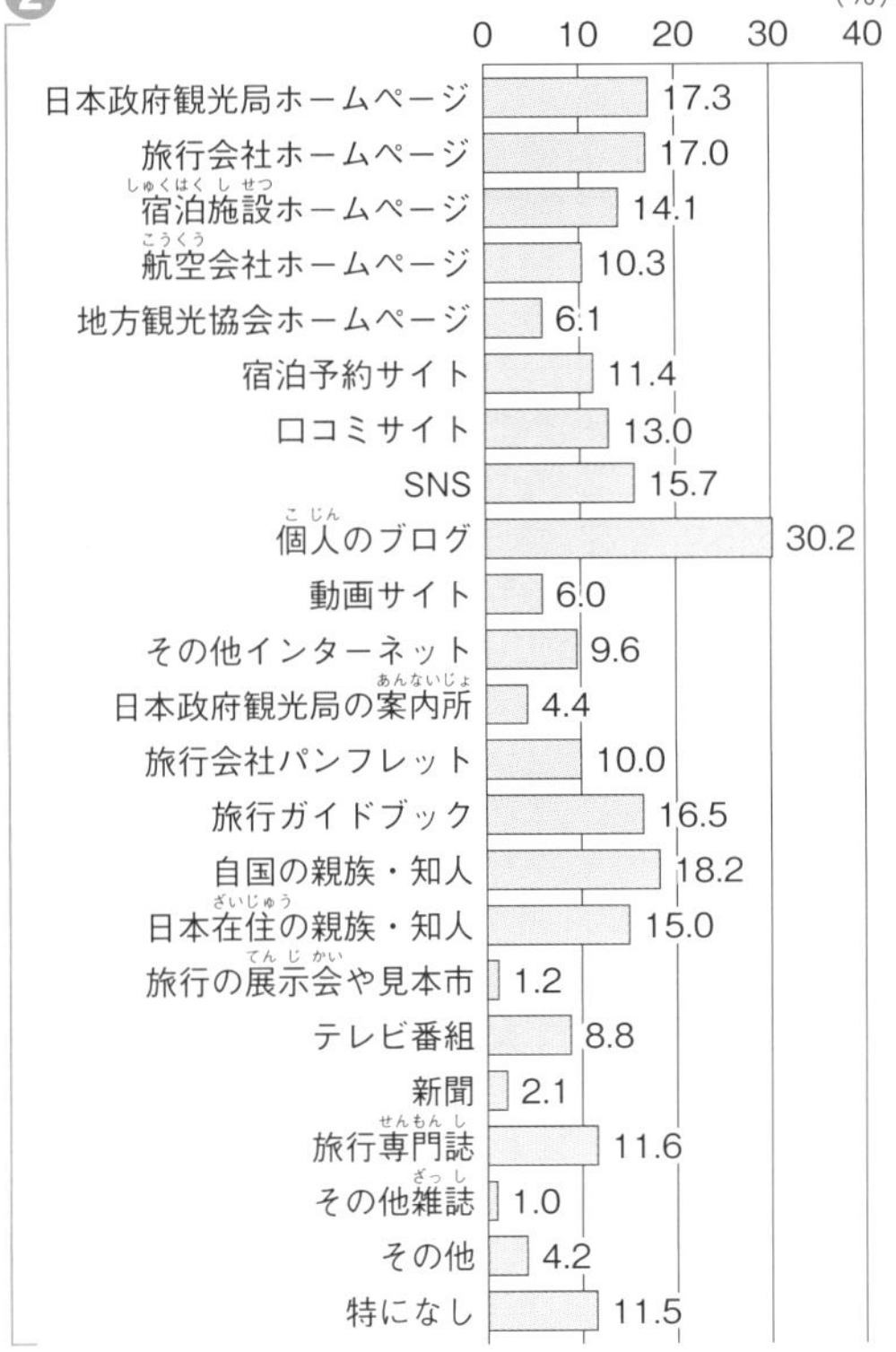

【資料3】 今回したことと次回したいこと（複数回答）

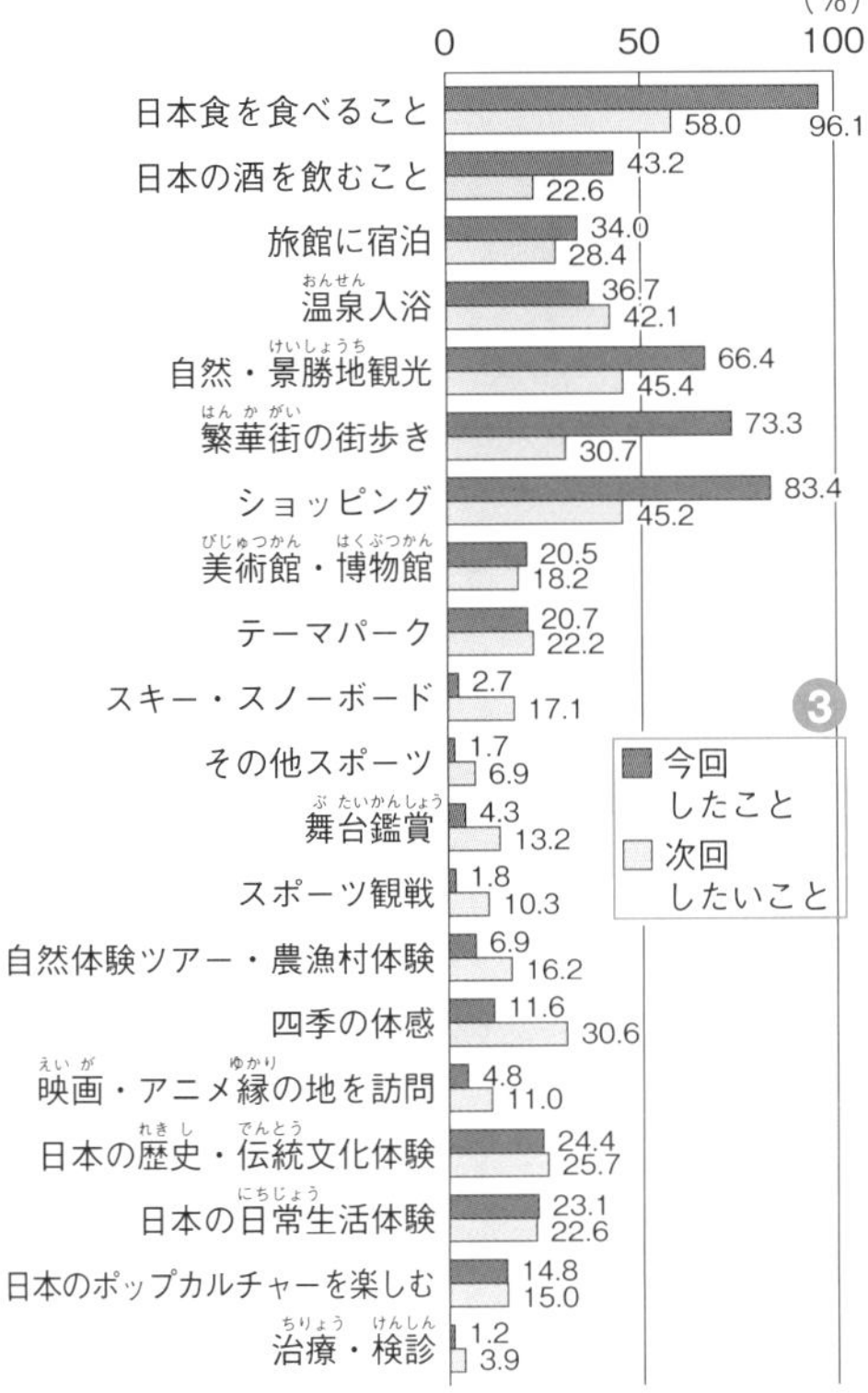

（観光庁《ちょう》「訪日外国人の消費《しょうひ》動向」（平成28年　年次報告書《ねんじほうこくしょ》）より）

ナビ❷

【資料2】のグラフは、各回答が数値の大きい順に並《なら》んでいるわけではありません。**数字が大きい項目《こうもく》を○で囲《かこ》む**などして、情報《じょうほう》をうまく読み取れるように工夫《くふう》しましょう。

ナビ❸

【資料3】のグラフでは、一つの項目につき、「今回したこと」と「次回したいこと」の**回答割合《わりあい》の数値が、セットで示《しめ》されています。**

このニパターンの回答割合の数値の差に着目すると、さまざまな発見につながります。

- 「今回したこと」と回答した割合が多いが、「次回したいこと」と回答した割合が少ない項目
- 「今回したこと」と回答した割合が少ないが、「次回したいこと」と回答した割合が多い項目

などのように、項目の情報を整理しましょう。

ここから、一度日本を訪れたことがある外国人観光客の、今後の日本観光に対するニーズを読み取ることができます。

4

【発表原稿《げんこう》】

日本を訪《おとず》れた外国人旅行者について調べていると、まず、**【資料《しりょう》1】**が見つかりました。日本を訪れる外国人旅行者は、二〇一四年以降《いこう》は急激《きゅうげき》に増《ぞう》加《か》の割合《わりあい》が高くなっており、今後も増《ふ》えていくことと予想されます。

そこで、日本を訪れる外国人旅行者の皆《みな》さんに満足して自国に帰ってもらうために、私《わたし》たちは何ができるのかを考えてみることにしました。《**【資料2】**からは、外国の方が日本について情報《じょうほう》を得《え》る際《さい》、主に何を参考にしているのかが分かります。個人《こじん》のブログや自国の親族・知人の話という回答が多いことから、公式に発信されている情報よりも、生の声が役立っていると読み取れます。対して、日本政府《せいふ》や企業《きぎょう》などのホームページはほとんど役立っているとは感じられていません。新聞や雑誌《ざっし》など、情報がたくさん載《の》っていて一見役立ちそうなものも、あまり参考にされていないようです。》以上のことから、私はもっと国や企業をあげて外国人旅行者にアピールする姿勢《しせい》や工夫《くふう》が必要なのではないかと考えます。

では、具体的にどのようなことを外国人旅行者にアピールしていけばよいのでしょうか。**【資料3】**によると、日本食を食べること、ショッピング、繁華街《はんかがい》の街歩き、自然・景勝地観光の四つが今回したことの回答として多かったようです。そのうち、街歩きやショッピングについては、次回したいこととして回答している人の割合が少なく、対して、日本食体験や自然・景勝《けいしょう》地観光と回答した人はあまり減少《げんしょう》していません。また、温泉《おんせん》入浴、四季の体感などは、次回したいことの割合が今回したことの割合を上回っています。以上のことより、私は□の情報の発信に力を入れていくべきだと考えます。（中略《ちゅうりゃく》）いずれにしろ、これからも増加し続けるであろう外国

解答ナビゲーション

ナビ 問1

《　》の範囲《はんい》では、

- 「外国の方が日本について情報を得る際、主に何を参考にしているのかが分かります」
- 「個人のブログや自国の親族・知人の話という回答が多いことから、公式に発信されている情報よりも、生の声が役立っていると読み取れます」
- 「日本政府や企業などのホームページはほとんど役立っているとは感じられていません」
- 「新聞や雑誌など、情報がたくさん載っていて一見役立ちそうなものも、あまり参考にされていないようです」

といった内容《ないよう》が述《の》べられています。

ナビ 4

ここでは、【資料1】～【資料3】のグラフと【発表原稿】を慎重《しんちょう》に照らし合わせていきましょう。**【発表原稿】**の中の**「ショッピング」「街歩き」**などの項目《こうもく》を○で囲《かこ》み、対応《たいおう》するグラフの項目も同じように印をつけながら読み進めると、読みまちがいを防《ふせ》ぐことができます。

人旅行者に、国、地域《ちいき》、個人、あらゆる規模《きぼ》で対応《たいおう》していくことが必要になるかと思います。

新傾向

問1 発表原稿の中に【資料２】の読み取りとしてまちがっているところがあります。《　》の中から一文でぬき出し、はじめの三字を書きなさい。

新傾向

問2 □にあてはまることばを、発表原稿の流れをふまえて考えて書きなさい。

問3 田中さんは【資料１】～【資料３】を使って、何を一番伝えたかったのでしょうか。説明した次の文の Ⅰ ・ Ⅱ にあてはまることばを、本文全体をふまえてそれぞれ書きなさい。

Ⅰ ので、 Ⅱ ということ。

Ⅰ

Ⅱ

ナビ 問2

これらの内容を【資料２】と照らし合わせて、まちがっている部分を探《さが》しましょう。

□は、前後の内容から、田中さんが「発信に力を入れていくべきだ」と考えている情報の内容が入ると考えられます。

また、直前の「以上のことより」ということばから、これより前に、田中さんが□の情報について、「発信に力を入れていくべきだ」と考えた理由が書かれていることが読み取れます。これらをふまえて、解答を考えましょう。

ナビ 問3

【発表原稿】の中で、田中さんは「日本を訪れる外国人旅行者の皆さんに満足して自国に帰ってもらうために、私たちは何ができるのかを考えてみることにしました」と述べています。

よって、 Ⅰ には、なぜそのように考えたのかを、 Ⅱ には、そうするために【資料１】～【資料３】の情報から何を考えたのかを、【発表原稿】の内容から考えて書くとよいでしょう。

入試問題にチャレンジ

制限時間 20分　解答 別冊17ページ

あとの【資料《しりょう》A】〜【資料H】を読んで、次の問いに答えなさい。

（東京都市大等々力中・改）

問1 【資料A】に――線部「インバウンド需要《じゅよう》の消失」とありますが、これは具体的には何が原因《げんいん》でどのようなことが起きたことを指していますか。他の資料を参考にし、「買い物客」ということばを使って、四十字以内で書きなさい。

問2 【資料A】〜【資料H】から読み取れることとして適当《てきとう》でないものを次からすべて選び、記号で答えなさい。

ア　【資料A】中の「消費形態《しょうひけいたい》やライフスタイルの変化」とは、一つには少子高齢化《しょうしこうれいか》による購買《こうばい》行動の変化が挙げられる。

イ　【資料A】中の「消費形態やライフスタイルの変化」とは、一つにはネットショップの利用の増加《ぞうか》が挙げられる。

ウ　新型《しんがた》コロナ感染拡大《かんせんかくだい》の影響《えいきょう》によって、これまで高級路線の小売店として好調だった百貨店も苦戦を強《し》いられるようになった。

エ　新型コロナ感染拡大の影響によって減収《げんしゅう》が続いていた百貨店だが、二〇二一年四月には過去《かこ》に類のない大幅《おおはば》な収益《しゅうえき》があった。

オ　百貨店のインバウンド売り上げは二〇二〇年四月に最も減《へ》り、その後やや回復《かいふく》したが、コロナ禍《か》以前の規模《きぼ》とは程遠《ほどとお》い状況《じょうきょう》である。

［　　］

【資料A】「コロナで百貨店の売上高　1兆5000億円減少《げんしょう》　百貨店の8割《わり》が赤字」

全国の主要百貨店70社の2020年度(2020年4月期—2021年3月期)の売上高は、合計4兆996億円(前期比27.0%減)で、前期より1兆5189億円減少した。調査《ちょうさ》を開始以来、5期連続の減収となった。

期初から新型コロナ感染拡大の影響が直撃《ちょくげき》し、外出自粛《じしゅく》や休業、時短営業《えいぎょう》に加え、インバウンド需要の消失など、かつてない苦戦を強いられた。

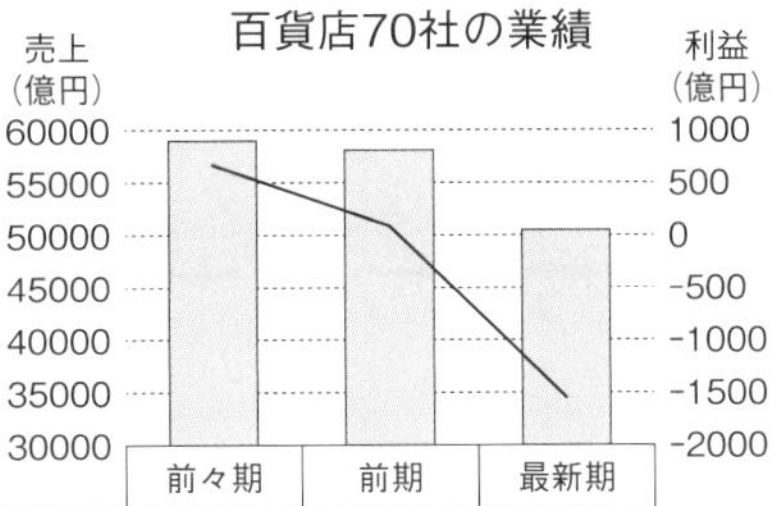

	前々期	前期	最新期
売上	5796881	5618622	4099678
利益	66819	8898	-154698

東京商工リサーチ調べ　単位：百万円

純利《じゅんり》益《えき》は、合計1546億円の赤字(前期は88億円の黒字)だった。雇用《こよう》調整助成金などの各種支援《しえん》を受けながらも、想定以上の売上の落ち込《こ》みで費用《ひよう》を吸収《きゅうしゅう》できない企業《きぎょう》が続出し、赤字百貨店は全体の約8割(構成比《こうせいひ》79.4%)にのぼった。

百貨店業界は消費形態《けいたい》やライフスタイルの変化で百貨店離《ばな》れが加速し、ここ数年は撤《てっ》退《たい》や閉店《へいてん》が全国で相次いでいる。コロナ禍はこれに拍車《はくしゃ》をかけ、装置《そうち》産業で対面販売《はんばい》を軸《じく》にした旧来型《きゅうらいがた》のビジネスモデルの弱点をあぶりだした。

2021年に入っても大手百貨店の閉店が相次ぎ、不振《ふしん》に喘《あえ》ぐ地場百貨店の経営破《けいえいは》たんも発生している。新型コロナの感染再《さい》拡大、緊急事態宣言《きんきゅうじたいせんげん》の発令などで引き続き厳《きび》しい事業環境《かんきょう》が続くだけに、当面の市場縮小《しゅくしょう》は避《さ》けられない見通しだ。

(2021年8月31日東京商工リサーチ「データを読む」より)

【資料B】「インバウンドとは」

インバウンド(inbound)は「外国から自国への旅行」や「自国への外国人旅行者」を指す言葉です。日本へのインバウンドは「訪日《ほうにち》旅行」「訪日外国人」とも呼《よ》ばれます。

2019年、日本の訪日外国人数は過去《かこ》最高の3188万人となりました。2014年の春節(旧正月)頃《ごろ》に訪日中国人観光客による「爆買《ばくが》い」現象《げんしょう》が注目されて以来、テレビのニュースなどでも「訪日外国人」「外国人観光客」「インバウンド」「インバウンド需要」「観光立国」などのキーワードが頻出《ひんしゅつ》するようになっています。

一方で2020年2月頃からは、新型コロナウイルスの世界的な流行により旅行需要が停《てい》滞《たい》し、感染対策《たいさく》のための入国制限《せいげん》も敷《し》かれることとなりました。訪日外国人が激減《げきげん》し、インバウンド市場は大きな打撃を受けています。

(訪日ラボ「インバウンド用語集」〈https://honichi.com/words/インバウンド/〉より)

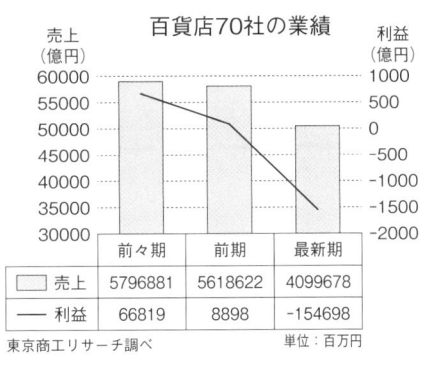

【資料《しりょう》C】 百貨店の現状《げんじょう》

一般社団《いっぱんしゃだん》法人日本百貨店協会の「全国百貨店売上高概況《がいきょう》」(2019年12月発表)によると、2019年の年間売上高は約５兆7547億円と前年より1.4%減《げん》で、市場規模《きぼ》は縮小傾向《しゅくしょうけいこう》だ。特に少子高齢化《しょうしこうれいか》の影響《えいきょう》を受け、地方百貨店の苦戦が続いている。

大都市圏《だいとしけん》では、インバウンド(訪日《ほうにち》外国人)の取り込《こ》みを続けてきた結果、外国人向けの販売額《はんばいがく》が、売り上げの中で一定の存在感《そんざいかん》を持つようになった。また高級路線の小売店として、ハイブランドや高品質品《こうひんしつひん》を消費者《しょうひしゃ》に訴求《そきゅう》・提案《ていあん》する動きもある。一方、専門店《せんもんてん》をテナントとして招《まね》き入れる生き残り策《さく》を取る店舗《てんぽ》もある。

百貨店や家電量販店《りょうはんてん》にとって強力なライバルとなっているのが、ネットショップだ。経済《けいざい》産業省の調査《ちょうさ》では、2018年の日本国内の*B to C向けのEC(Electronic Commerce、電子商取引)市場規模は、約18兆円と前年より8.96%増《ぞう》と拡大《かくだい》傾向であることがわかった。

各社はさまざまな販売業者の商品を１つのサイトでまとめて販売するオンラインショッピングモールが存在感を強める中で、人気のオンラインショッピングモールに出店したり、自社でネットショップ事業に乗り出して対抗《たいこう》したりしている。また、実店舗にタブレットを配備《はいび》して、店頭にない商品をネット注文できるようにするなど、店舗とネットを連携《れんけい》・融合《ゆうごう》させる新たな取り組みも始まっている。

（株式会社《かぶしきがいしゃ》リクルート『リクナビ 就活準備《しゅうかつじゅんび》ガイド 「業界研究」 百貨店・専門店・流通・小売業界』〈https://job.rikunabi.com/contents/industry/912/#i-3〉より）

＊「B to C」 Business to Consumerの略《りゃく》で、企業《きぎょう》〈Business〉が一般消費者《しょうひしゃ》〈Consumer〉を対象《たいしょう》に行うビジネス形態のこと。

【資料D】 観光立国日本

2014年から、日本は「観光立国」を目指して歩んでいます。観光立国とは、国内外から観光客を誘致《ゆうち》して、人々が消費するお金を国の経済を支《ささ》える基盤《きばん》のひとつとしている国のことです。そのためには、特色のある自然や都市の環境《かんきょう》・光景をアピールするとともに、美術館《びじゅつかん》などの観光施設《しせつ》を整備《せいび》する必要があります。

日本が観光立国を目指す理由は何でしょうか。現在《げんざい》の日本では、景気の低迷《ていめい》や少子高齢化で、国内消費の拡大《かくだい》が難《むずか》しくなっています。そこで観光に注力し、インバウンド客を呼《よ》び込《こ》んで消費を促《うなが》そうと考えられました。温泉《おんせん》・和食・忍者《にんじゃ》・侍《さむらい》・ポップカルチャー・寺社・豊《ゆた》かな自然など、日本には海外の人に好まれるコンテンツが豊富《ほうふ》にあります。しかしながら、これまでインバウンド客の受け入れ態勢《たいせい》やアピール力が不充分《ふじゅうぶん》でした。今、そういった部分を見直してより多くの観光客を呼ぶ取り組みがされているのです。また、観光業を活性化《かっせいか》させることで多くの雇用《こよう》を生み出すことも狙《ねら》いです。特に促進《そくしん》されているのは、観光業での女性《じょせい》の活躍《かつやく》です。結婚《けっこん》や出産で仕事から離《はな》れていた女性たちが、観光業で働き、納税者《のうぜいしゃ》となればさらに国の財政《ざいせい》が潤《うるお》います。こうした理由から、日本は観光立国を目指しているのです。

（『おもてなしHR』〈https://omotenashi.work/〉より）

【資料E】 日本の免税制度《めんぜいせいど》

外国人旅行者等の非居住者《ひきょじゅうしゃ》(以下「非居住者」といいます。)が、土産品《みやげひん》等として国外へ持ち帰る目的で輸出《ゆしゅつ》物品販売場において、免税対象物品を一定の方法により購入《こうにゅう》した場合には、その購入に係る消《しょう》費税《ひぜい》が免除《めんじょ》されます。

これは、非居住者が土産品等を国外へ持ち帰ることは、実質的《じっしつてき》に輸出と同じであることから設《もう》けられている制度です。

(国税庁《こくぜいちょう》HPより)

【資料F】 百貨店免税品売上高前年同月比
(2019年4月～2020年4月)

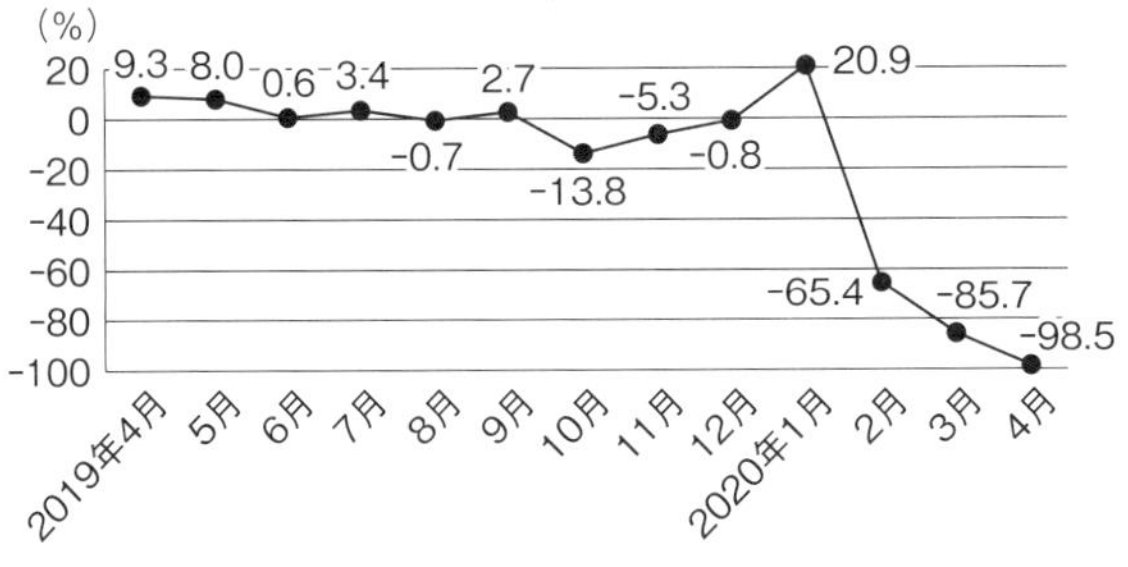

【資料G】 百貨店免税品売上高前年同月比
(2020年5月～2021年8月)

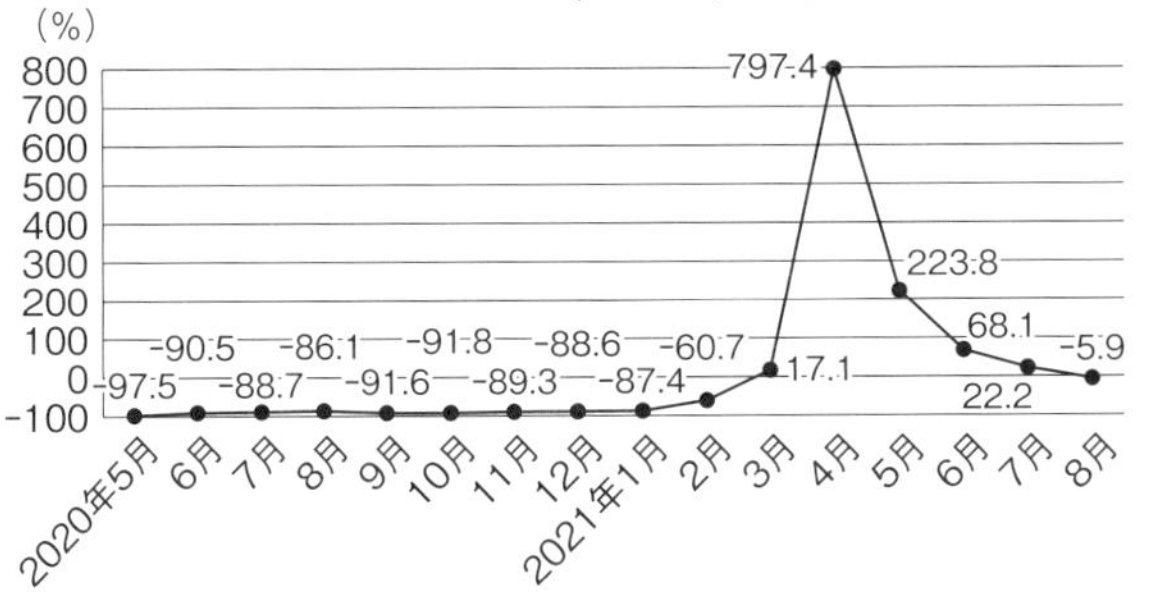

ヒント

●資料のタイトル(見出し)に注意しましょう。グラフや表ばかりに目が行きがちですが、必ず最初にタイトル(見出し)を見て、どんなことが書かれている資料なのかを確認《かくにん》してから読みましょう。

【資料H】 百貨店免税品売上高(2019年4月～2021年8月)

	実額	前年同月比
2019年4月	約344億7千万円	109.3%
2019年5月	約309億9千万円	108.0%
2019年6月	約283億3千万円	100.6%
2019年7月	約281億3千万円	103.4%
2019年8月	約256億6千万円	99.3%
2019年9月	約253億2千万円	102.7%
2019年10月	約256億4千万円	86.2%
2019年11月	約261億5千万円	94.7%
2019年12月	約299億2千万円	99.2%
2020年1月	約316億9千万円	120.9%
2020年2月	約110億2千万円	34.6%
2020年3月	約47億5千万円	14.3%
2020年4月	約5億円	-98.5%
2020年5月	約7億7千万円	-97.5%
2020年6月	約26億8千万円	-90.5%

	実額	前年同月比
2020年7月	約31億7千万円	-88.7%
2020年8月	約35億5千万円	-86.1%
2020年9月	約21億2千万円	-91.6%
2020年10月	約21億円	-91.8%
2020年11月	約27億9千万円	-89.3%
2020年12月	約34億4千万円	-88.6%
2021年1月	約39億9千万円	-87.4%
2021年2月	約43億3千万円	-60.7%
2021年3月	約55億5千万円	17.1%
2021年4月	約45億円	797.4%
2021年5月	約25億1千万円	223.8%
2021年6月	約45億1千万円	68.1%
2021年7月	約38億7千万円	22.2%
2021年8月	約33億4千万円	-5.9%

(出典:【資料F】～【資料H】は日本百貨店協会「免税売上高・来店動向」を元に作成した)

3 長文読解＋表・グラフの問題

入試傾向

文章と表・グラフから、情報《じょうほう》を読み取る問題です。文章内容《ないよう》と表やグラフの数値《すうち》・特徴《とくちょう》をつかみ、それらを関連づけて理解《りかい》・活用する力などが問われます。

ステップ1 文章の内容をおさえる

表やグラフは、文章よりも目立つ存在《そんざい》です。しかし、まずはメインの**文章の内容**をきちんとおさえましょう。

ステップ2 表・グラフのおおまかな情報をとらえる

次に、登場した表やグラフのおおまかな情報をとらえましょう。**タイトル（見出し）**や、**設問《せつもん》の内容**などに注目すれば、登場した表やグラフが**何を表しているのか**や、**文章とどのような関係であるか**をつかむことができます。

ステップ3 文章の内容と表・グラフの情報を対応《たいおう》させる

あとは、ステップ1でおさえた**文章の内容と表・グラフの情報が、どう対応しているのかを総合《そうごう》的に考えつつ、答えを探《さが》しましょう。**

例題

解答 別冊18ページ

次の文章を読んで、あとの問いに答えなさい。

日本では、食べられるのに捨《す》てられる食品「食品ロス」の量が年間□万トンと推計《すいけい》されており、日本の人口1人当たり毎日おにぎり1個《こ》（114g）を捨てている計算になります。

また、日本の食品ロス量年間□万トンのうち、食品関連事業者からの発生は53パーセントで、規格外品《きかくがいひん》、返品、売れ残り、食べ残しなどが主な発生要因《よういん》です。残りの47パーセントは一般《いっぱん》家庭からの発生で、食べ残し、手つかずの食品（直接廃棄《ちょくせつはいき》）、皮の剥《む》きすぎなど（過剰除去《かじょうじょきょ》）が主な発生要因です。

経済《けいざい》の観点では、食料を輸入《ゆにゅう》に頼《たよ》る一方で、多くの食料を食べずに廃棄している状況《じょうきょう》は無《む》駄《だ》があります。人や社会への観点では、多くの食品ロスを発生させている一方で、7人に1人の子どもが貧困《ひんこん》で食事に困《こま》っている状況です。

私《わたし》たち一人ひとりが食べものをもっと無駄なく、大切に消費《しょうひ》していく必要

【資料《しりょう》】日本の食品廃棄物等の発生状況

（単位・万トン）

	食品廃棄物等	うち食品ロス量（可食《かしょく》部分と考えられる量）
日本全体	2402	523
食品関連事業者	1670	279
一般家庭	732	244

（農林水産省及《およ》び環境《かんきょう》省「令和3年度推計」より作成）

があります。

（政府《せいふ》広報《こうほう》オンライン『今日からできる！　家庭でできる食品ロス削減《さくげん》』
〈https://www.gov-online.go.jp/useful/article/201303/4.html〉をもとに作成）

問1　□に共通してあてはまる数字を、算用数字で答えなさい。

［　　　］

問2　日本の食品ロスの発生元内訳《うちわけ》を示《しめ》したグラフとして正しいものを、次から一つ選び、記号で答えなさい。

ア
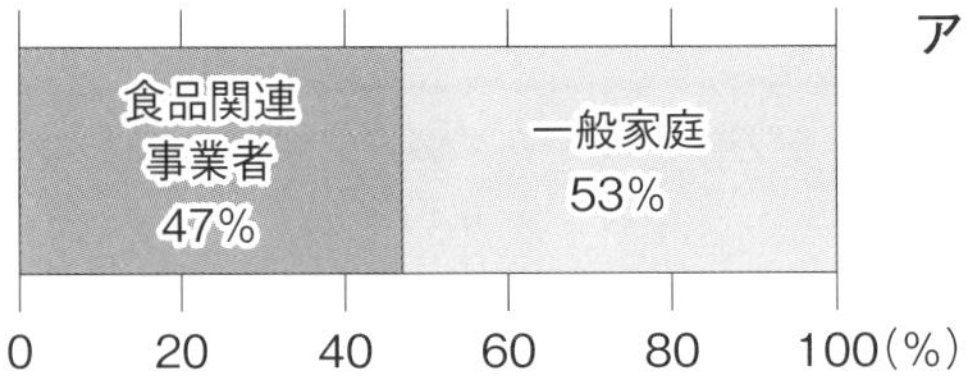

イ
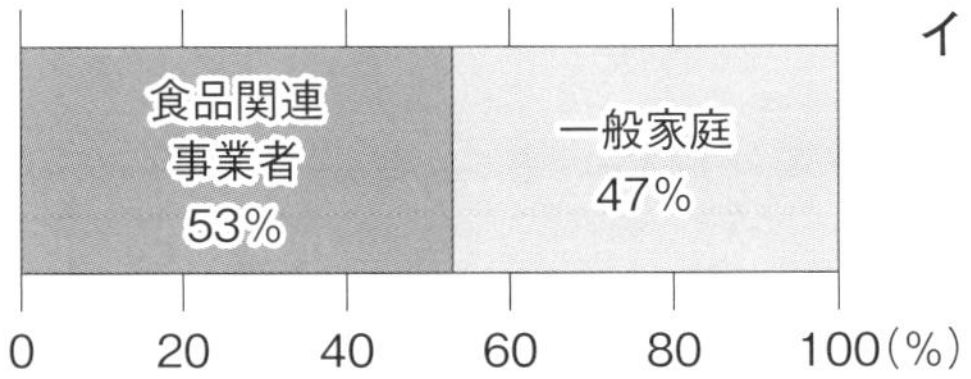

ウ
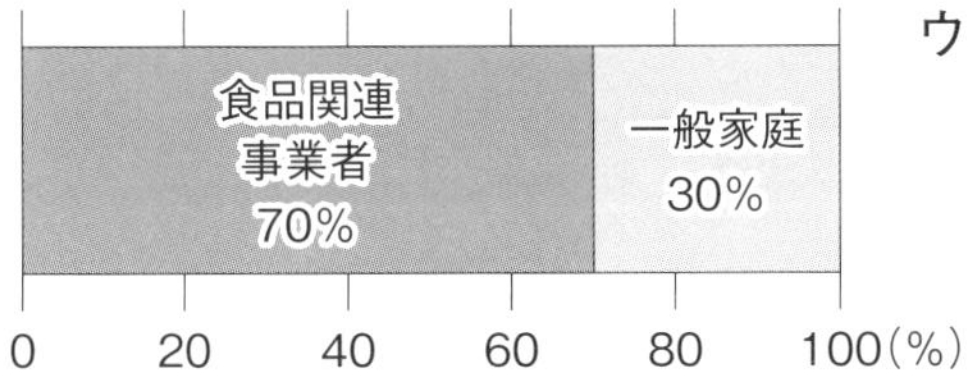

エ
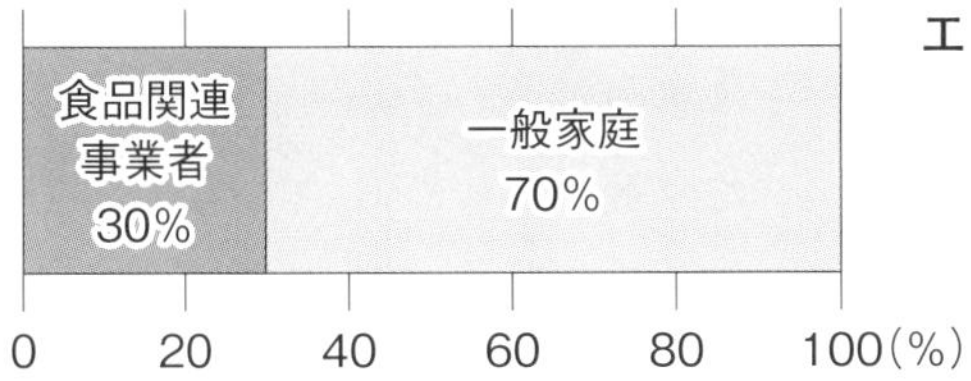

［　　　］

文章は、日本の「食品ロス」について書かれたものです。また、【資料】は、タイトル（見出し）・単位から、**日本で発生した食品廃棄物等の量**の表だとわかります。

問1　では、□にあてはまる数字が問われています。前後の内容から、年間の日本の食品ロス量の数値だと考えられるので、【資料】の表の**「うち食品ロス量」**の**「日本全体」**のらんを確認《かくにん》します。

問2　では、選択肢《せんたくし》として複数《ふくすう》の帯グラフが示されています。グラフにはタイトル（見出し）がありませんが、設問をチェックすると、**「日本の食品ロスの発生元内訳**を示したグラフ」だとわかります。文章に書かれている、日本の食品ロスの**「発生元」**の項目《こうもく》や、その割合《わりあい》**(%)**の数値と合うグラフを選びましょう。

ポイント

表やグラフは情報量が多いので、おおまかな情報を確認したあとは、設問内容から、表・グラフのどこに注目すべきかを絞《しぼ》り込《こ》みましょう。

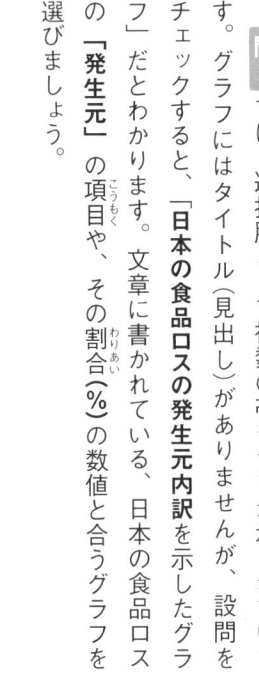

ナビゲーションつき練習問題❶

次の文章を読んで、あとの問いに答えなさい。（設問《せつもん》の都合上、本文の一部と見出しを省略《しょうりゃく》しています。）

❶

1 アンカリング効果《こうか》とは先にある数字について考えると、その数字が※錨《いかり》のような重みをもってしまい、後続する判断《はんだん》がそれに引きずられることをいいます。係留《けいりゅう》効果と呼《よ》ばれることもあります。先行してある数字について考えることが、後の判断のヒントになる、という言い方もできるでしょう。

2 たいていの文脈《ぶんみゃく》においては、たまたま出会った特定の数字をひとつの目安として使うことは役に立ちます。

3 例えば、部屋着としてのスウェットシャツを買おうとスポーツ用品店にやって来たところ、よく耳にする有名ブランドの商品に九〇〇〇円の値札《ねふだ》がついていたら、スウェットシャツの値段《ねだん》の相場を知らなくても「今回買うのは部屋着目的だから、これより安いので十分」と考えることは筋《すじ》が通っています。

❷

4 ② ところが問題は、先行して目にする数字が、メインとなる後続の判断とは何の関係もない場合でさえ、あるいは、関連させて判断しない方が良い場合でさえ、アンカーとしての影響力《えいきょうりょく》を持ってしまうことです。

（東京・富士見中）

読解ナビゲーション

解答 別冊18ページ

ほとんどの論説文《ろんせつぶん》は、はじめの部分でその文章の「話題」が示されます。主語と述語《じゅつご》を意識《いしき》して、一文一文を慎重《しんちょう》に読み、何が書かれているのかをつかんでいきましょう。

ナビ❶

この文章の1段落は、「アンカリング効果」について書かれています。

1段落の一文目では**「〜しまい、〜引きずられる」**という書き方をしていることから、「アンカリング効果」のマイナス面を表していると読み取れます。

一方で、三文目は**「〜ヒントになる、という言い方もできる」**といった書き方をしていることから、プラス面を強調していると考えられます。

ここから、「アンカリング効果」には良い面と悪い面の両方があるということがわかります。

5 アンカリングの影響を示《しめ》す最も有名な課題を紹介《しょうかい》しましょう。回答者の前にはルーレットが置かれていて、これが回され65という数字に球が止まったとします。そこで、回答者はまず「国連に加盟《かめい》国のうちアフリカの国々が占《し》める割合《わりあい》は65パーセントより大きいか小さいか」を選ぶよう求められます。これに回答したら、続いて「では、何パーセントくらいだと思うか」を数値《すうち》で答えるように求められるのです。つまり、ルーレットで出た数字より上か下かを先に考え、その後に、国連加盟国に占めるアフリカ諸国《しょこく》の割合はどれだけかを推定《すいてい》するよう求められるという手続きです。もちろん後者がメインの課題です。

6 もし、ご自身が回答者だったらどうしますか？　最初の65パーセントより上か下かについては、「いくらアフリカ大陸が大きいといっても国連の65パーセントを超《こ》えるほど多くの国はないだろう」と考え「〝65パーセントより小さい〟にします」と答えるのではないでしょうか。すると係員から「では、具体的には何パーセントくらいでしょうか」と尋《たず》ねられます。これについては「65パーセントよりも小さくて、はっきりとはわからないけど、じゃあ、まぁ45パーセントくらいということで」という感じでしょうか。

7 実はこのルーレットには細工がしてあって、ある人たちには必ず65が出るようになっており、別の人たちには必ず10が出るようになっていたのです。実験の結果はどうだったかというと、65が出された回答者たちの*代表値は45パーセント程度《ていど》、10が出された場合では25パーセント程度だったのです。つまり、たまたま出されたルーレットの目の大きさに引きずられて、後続する判断が影響を受けたわけです（ちなみに正解《せいかい》は二〇

ナビ 2

4段落が、**「ところが問題は……」**で始まっていることに着目しましょう。「ところが」という逆接《ぎゃくせつ》の接続語があることから、筆者は**直前の内容《ないよう》に反する「問題」**を述《の》べようとしていると考えられます。

直前の3段落では、先に見た有名ブランドのスウェットシャツの値段を、部屋着として買う予定のスウェットシャツの値段という、**メインの判断の目安（アンカー）**にすることは、「筋が通っている」と述べられています。二つの値段には、どちらもスウェットシャツの値段だという関連性《かんれんせい》があるからです。

この「筋が通っている」判断を受け、4段落では、「先行して目にする数字が、**メインとなる後続の判断**とは何の関係もない場合でさえ、あるいは、関連させて判断しない方が良い場合でさえ、**アンカーとしての影響力を持ってしまう**こと」が「問題」だと述べているのです。

筆者が問題視《もんだいし》している部分に線を引くなどして目立たせておくと、前後の論理展開《てんかい》を理解しやすくなります。

二一年四月現在《げんざい》で約36パーセントです）。

[8] ここで面白《おもしろ》いのは、たまたまルーレットで出た目と、国連に占《し》めるアフリカ諸国《しょこく》の割合《わりあい》とには、何の関係もないということは誰《だれ》にだってわかる、ということです。もちろん回答者にだってわかります。けれども、ある数値《すうち》を一度基準《きじゅん》として考えてしまうと、無関係とわかってはいながら、その無関係な数字に強く影響《えいきょう》されてしまうのがアンカリング効果《こうか》の面白くもあり、恐《おそ》ろしくもあるところなのです。

[9] その後、なぜアンカリング効果が起こるのか、その心理的なしくみはどうなっているのか、という問題が検討《けんとう》されてきましたが、本書では、そちらは置いておき、*リスク認知《にんち》の問題に適用《てきよう》してアンカリングの影響について考えてみましょう。

[10] 二〇一一年三月一一日に発生した東日本大地震《ひがしにほんだいじしん》は、本震後数時間のうちに二万人近い死者・行方《ゆくえ》不明者を出しました。その九割以上の死因《しいん》は溺死《できし》でした。つまり、ほとんどは津波《つなみ》の犠牲《ぎせい》となったわけです。この震災《しんさい》で日本人が地震と津波の恐ろしさを再確認《さいかくにん》したことは間違《まちが》いありません。しかし、どういうかたちで恐ろしさを感じるのかについては、アンカリングによる❹看過《かんか》できない影響が予想されました。

[11] 地震学者である大木聖子《おおきせいこ》さんは、たまたま東日本大震災の前年、津波に関する全国調査《ちょうさ》を実施《じっし》していました。その調査項目《こうもく》の中には「避難《ひなん》すべき津波の高さはどれくらいですか」、「恐ろしいと思う津波の高さはどれくらいですか」といったものが含《ふく》まれていました。私《わたし》は震災が起こってすぐに、ぜひもう一度同じ項目《こうもく》で調査すべきだと考え、共同研究を実施しました。日本人は津波の恐ろしさを再認識しながらも、アンカリン

ナビ ❸

[8]段落《だんらく》はこれまでの「まとめ」となる重要な段落です。

[5]～[7]段落では、[4]段落で筆者が問題視《もんだいし》した「先行して目にする数字が、**メインとなる後続の判断《はんだん》**とは何の関係もない場合でさえ、あるいは、関連させて判断しない方が良い場合でさえ、**アンカーとしての影響力を持ってしまう**」という現象《げんしょう》を、**具体的なエピソード**を用いることで、読者にわかりやすく説明しています。

そして、続くこの[8]段落で、「ある数値を一度基準として考えてしまうと、無関係とわかってはいながら、その無関係な数字に強く影響されてしまう」のは**アンカリング効果**の「恐ろしくもある」ところである、とまとめることで、その問題点を改めて強調しているのです。

ナビ ❹

[10]～[12]段落は、本文全体の中でも特に重要です。

ここでは、**東日本大震災の巨大津波が日本人に与《あた》えたアンカリング効果**を予想し、筆者がその調査を決めた経緯《けいい》が書かれています。

グの効果で、津波に対する認識《にんしき》が❹危険《きけん》な方向に歪《ゆが》みつつあるのではないかと考えたからです。

12 というのは、例えば「宮古《みやこ》・田老《たろう》地区　津波三七・九メートル」、「福《ふく》島《しま》第一原発を襲《おそ》った津波は高さ一三メートル」というかたちで、非常《ひじょう》に大きな数字が連日報道《ほうどう》されていました。歴史的《れきしてき》にもまれな巨大《きょだい》津波ですから、大きな数値が報じられるのは当然です。しかし、アンカリングにより、それらの大きな数字が目安になってしまい、避難すべき予測《よそく》津波高や恐ろしいと思う津波の高さが以前よりも引き上げられる可能性《かのうせい》が考えられます。言い換《か》えると、巨大津波を経験《けいけん》した結果、高い津波でないと逃《に》げない、高い津波でないと怖《こわ》くない、というふうに❹相場が引き上げられてしまったのではないかということです。

13 *先の問7では何メートルと答えましたか？　実は、津波は二メートルで木造住宅《もくぞうじゅうたく》を全壊《ぜんかい》させ、一メートルで半壊させる破壊力《はかいりょく》を持っています。わずか五〇センチメートルの津波でも大の大人が立っていられません。津波は単に潮位《ちょうい》が上がるのではありません。ものすごい重さを持った大量の水が、すさまじいスピードで押《お》し寄《よ》せるのです。運動エネルギーは重さと速さ（の*二乗）で決まりますから、津波というのは巨大なエネルギーの塊《かたまり》です。にもかかわらず、巨大津波で甚大《じんだい》な被害《ひがい》を受けた結果、その津波に対して脆弱《ぜいじゃく》になる方向に認識が変わるとしたら、たいへん皮肉なことです。

14 果たして結果は、皮肉なものでした。次の図は南海《なんかい》トラフ地震が発生した場合に津波がやって来ると予想される、静岡《しずおか》県以南の太平洋側に位置する一七府県の住民のデータを抽出《ちゅうしゅつ》した結果です。（中略《ちゅうりゃく》）

☑**調査を決めた経緯**

● 10 段落…震災直後
アンカリングによる「看過できない（＝見過《みす》ごすことができない）影響」が予想された

↓

● 11 段落…調査を開始
アンカリングによって、日本人の認識が「危険な方向に歪みつつあるのではないか」と考えたから

↓

● 12 段落…調査をしたくわしい理由
アンカリングによって、判断の「相場が引き上げられてしまったのではないか」と考えたから

以上の流れで、筆者が**巨大津波のアンカリング効果**に対して強い危機感を覚えていることを読み取りましょう。

15 巨大津波《きょだいつなみ》の来襲《らいしゅう》という事実と、津波の高さに関する膨大《ぼうだい》な報道《ほうどう》の影響《えいきょう》によってこのように認識《にんしき》が変化してしまったのですから、この認識をさらに変容《へんよう》させることは容易《ようい》ではありません。研究者としてわれわれのすべきことは、認識が危険《きけん》な方向に変容したという研究結果を世間に伝え、問題を提起《ていき》することだと考え、報道機関に向けた公表と資料提供《しりょうていきょう》を行いました。いくつかの新聞やテレビ番組が取り上げてくれましたが、強力で皮肉なアンカリング効果《こうか》に対して、それくらいのことでは対抗《たいこう》になっていないというのは正直に思うところです。

（中谷内一也《なかやちかずや》『リスク心理学　危機対応《たいおう》から心の本質《ほんしつ》を理解《りかい》する』より）

〈語注〉

＊錨《いかり》　船をとめておくために、綱《つな》・鎖《くさり》などをつけて水中に沈《しず》める鉄製《てつせい》のおもり。

＊代表値《だいひょうち》　回答全体の真ん中の値《あたい》。

＊リスク認知《にんち》　今後起こりうる望ましくない出来事の「起こる可能性《かのうせい》」や「望ましくなさの程度《ていど》」を人々が判断《はんだん》するしくみ。

＊先の問7　本文引用部分より前に、導入《どうにゅう》として筆者から読者に出題された問題の一つ。内容《ないよう》は次の通り。「東日本大震災《ひがしにほんだいしんさい》では、地震から数十分後に高さ一〇メートルを超《こ》える巨大津波が押《お》し寄《よ》せ、多くの沿岸《えんがん》住民が犠牲《ぎせい》となりました。さて、あなたが東北太平洋岸の観光地で宿泊《しゅくはく》していたら、真夜中に地震が発生したとします。津波を避《さ》けるために避難《ひなん》した方が良いかもしれませんが、たいした津波でないなら、真夜中の移動《いどう》はかえって危険です。あなたは、気象庁《きしょうちょう》が予想する津波の高さがどれくらいだったら、夜中であろうが避難しますか?」

＊二乗　その数や式に、それと同じものを掛《か》け合わせること。たとえば3の二乗は3×3で9。

解答ナビゲーション

ナビ 問

まず、問 のグラフが何を表しているグラフなのかを確認《かくにん》しましょう。

このグラフにはタイトルは特につけられていませんが、縦軸《たてじく》に「回答比率《ひりつ》」、横軸に「避難すべき津波の高さ」と書かれています。

つまり、「避難すべき津波の高さはどれくらいですか」という聞き取り調査《ちょうさ》に対する、回答比率を表しているグラフだと考えられます。

「回答比率」とは、すべての回答数に占《し》める、その項目《こうもく》の回答数の割合《わりあい》のことです。

すべての回答を、1＝10割(100%)として、0.1はすべての回答数のうちの1割(10%)、0.5はすべての回答数のうちの5割(50%)であることを示《しめ》しています。

また、二本の棒《ぼう》グラフがそれぞれ何を表しているのかも重要です。

問 ――線部「次の図」とあるが、その図として最も適切《てきせつ》なものを、次から一つ選び、記号で答えなさい。

ア

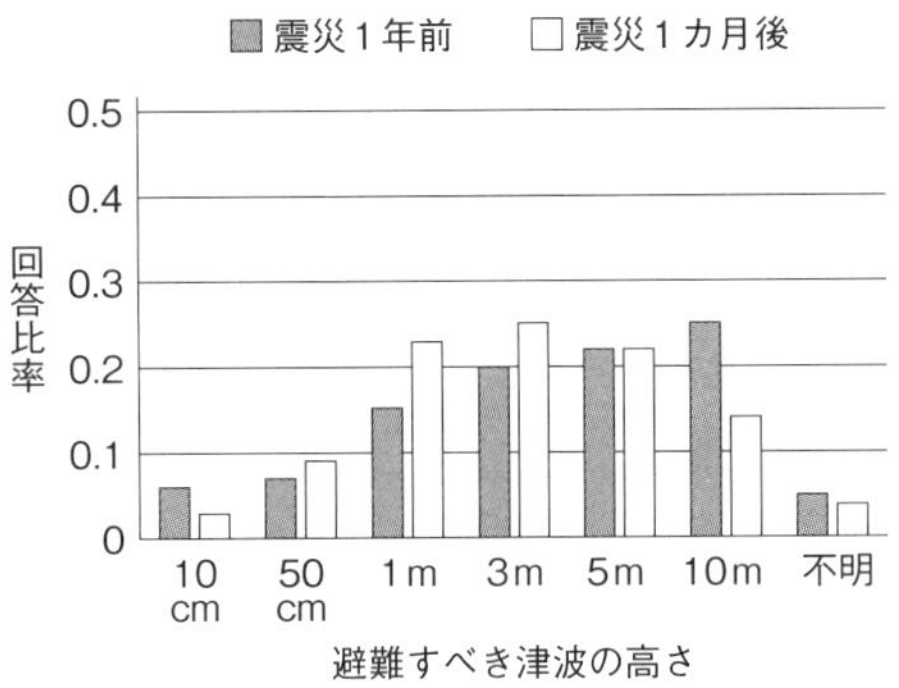

イ

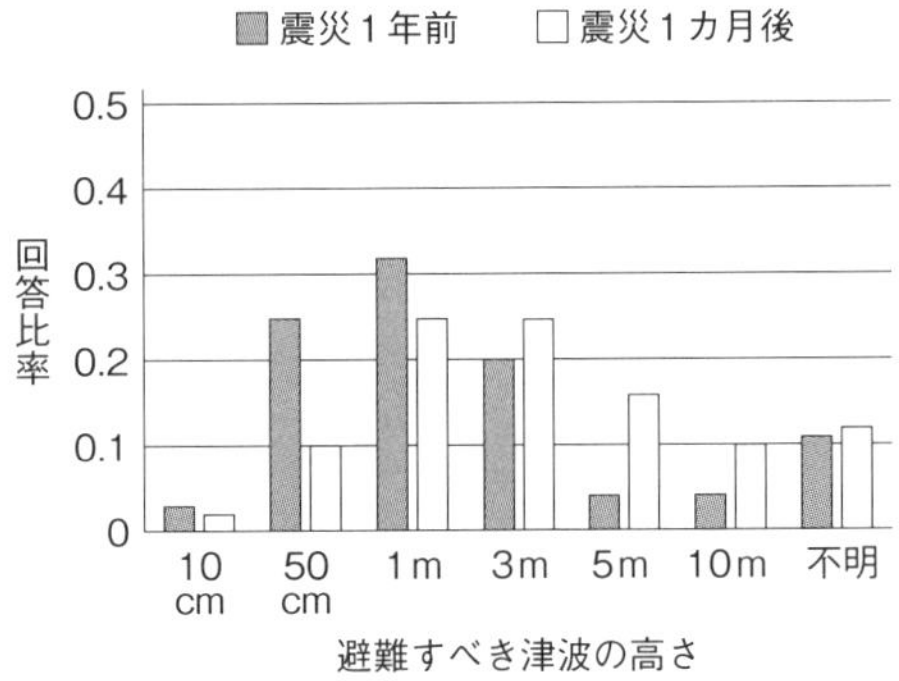

ウ

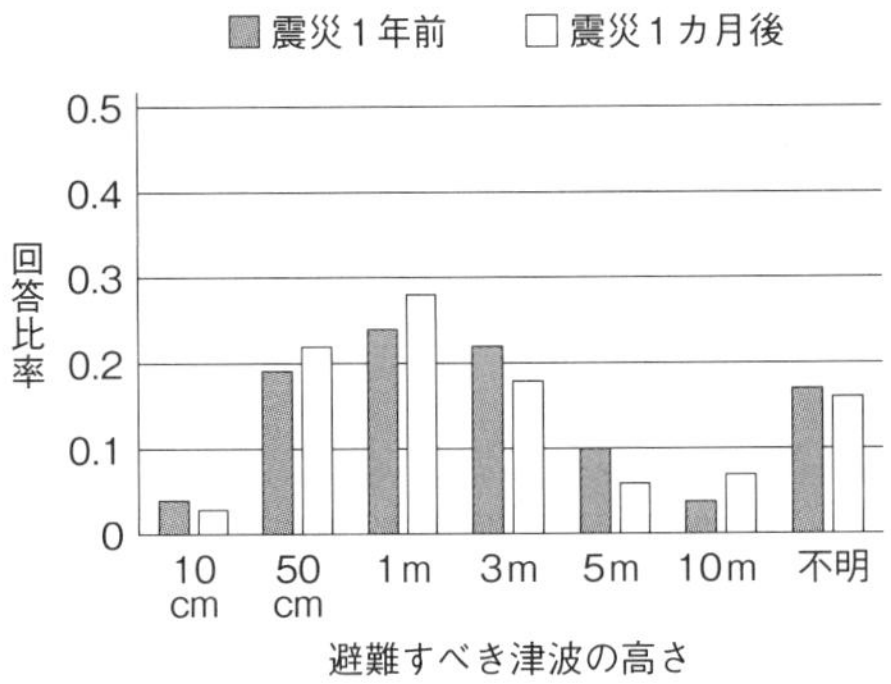

エ

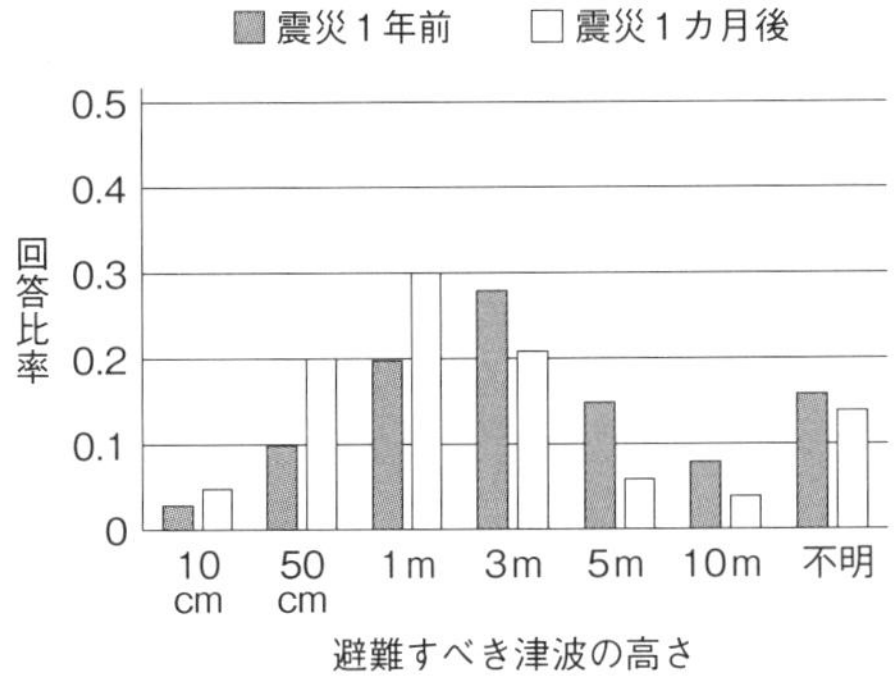

［　　］

図上部の説明書きから、

● ■のグラフは「震災1年前」
● □のグラフは「震災1カ月後」

の回答比率の数値《すうち》を表しているとあります。

したがって、このグラフは、人々が避難すべきだと考える津波の高さは何メートルで、それが東日本大震災を経験《けいけん》する前と後でどのように変わったのか、ということが一目でわかるようにつくられていると言えます。

さらに、文章中の――線部の直前には、この調査結果は「皮肉なものでした」と書かれています。

そして、さらにその前の79～81行目の部分で、筆者は「巨大津波で甚大《じんだい》な被害《ひがい》を受けた結果、その津波に対して脆弱《ぜいじゃく》になる方向に認識が変わるとしたら、たいへん皮肉なことです」と述《の》べています。

つまり、この調査結果は、巨大津波で甚大な被害を受けたことにより、その津波に対して脆弱になる方向に認識が変わってしまったという皮肉な内容だったと考えられます。

この文章の情報《じょうほう》に対応《たいおう》する値を示《しめ》しているグラフを、選択肢《せんたくし》の中から選びましょう。

ナビゲーションつき練習問題❷

次の文章を読んで、あとの問いに答えなさい。（設問《せつもん》の都合上、一部改変をしています。）

（茨城・茗溪学園中）

1 教育社会学者の苅谷《かりや》剛彦《たけひこ》が行《おこ》なった高校生調査《ちょうさ》によると、❶一九九〇年代以降《いこう》の学校では、「がんばれば必ず成功する」と考える生徒と、「何をやっても無駄《むだ》だ」と考える生徒の間で、意欲《いよく》の二極化が進んでいるという。苅谷は、これをインセンティブ・デバイドと呼《よ》んで、かつての平等主義《しゅぎ》的な教育理念が放棄《ほうき》された後、出来る子と出来ない子の学力格差《かくさ》が大きく広がっていると*警鐘《けいしょう》を鳴らしている。

2 学力格差が拡大《かくだい》しているなら、出来ない子の側の*フラストレーションはそれだけ増大《ぞうだい》し、彼《かれ》らの*逸脱《いつだつ》行動が増《ふ》えてもおかしくないはずである。確《たし》かに、一九九〇年代後半から二〇〇〇年代初頭にかけては、一時的に少年犯罪《しょうねんはんざい》が増加していたから、この格差拡大の影響《えいきょう》もあったのかもしれない。しかし、その後、両者の格差は縮小《しゅくしょう》していないにもかかわらず、少年犯罪のほうは減少傾向《げんしょうけいこう》へと転じている。

3 大竹文雄《おおたけふみお》は、世界価値観《かちかん》調査のデータを引用しながら、近年、日本人の価値観が大きく変容《へんよう》してきたと指摘《してき》する。①次の図が示《しめ》すように、❷一九九〇年代までの日本人は、そのほとんどが、人生で成功するためには

読解ナビゲーション

ナビ❶

入学試験の読解問題では、設問を解《と》くために、文章の内容《ないよう》を理解することが一番大切です。

特に、文章の冒頭《ぼうとう》には、その文章のテーマが述《の》べられることが多いので、注意して読んでいくようにしましょう。

この文章の冒頭では、**「がんばれば必ず成功する」**と考える生徒と、**「何をやっても無駄だ」**と考える生徒の間で、**意欲の二極化が進んでいる**という、重要な情報《じょうほう》が示されていました。

そして、文章に出てくることばの中には、文章内容を理解するうえでは、重要度の低いものもあります。たとえば、1段落《だんらく》に出てくる「苅谷剛彦」さんなどの学者の個人名《こじんめい》も、この文章の内容全体を理解するうえでは、やや重要度が低いといえます。

文章を読みながら、そのことばが読解上重要かそうでないかを判別《はんべつ》していくことも大切です。

解答 別冊19ページ

勤勉《きんべん》が大切であると考えていた。しかし、❷二〇〇〇年代に入ってからは、運や*コネが大切であると考える人びとが半数近くまで増えている。その結果を彼が独自《どくじ》に年齢別《ねんれい》で分析《ぶんせき》してみたところ、❷とくに若《わか》い世代のほうがその傾向が強く見られたという。この調査結果が示しているのは、人生とは自らが努力によって切り拓《ひら》いていくものではなく、むしろ自分の力の及《およ》ばないところで決まっているという感覚が、とくに若年層《じゃくねんそう》の間で広まりつつあるという事実だろう。じっさい、読売新聞《よみうりしんぶん》が二〇〇三年に発表した「全国青少年アンケート調査」では、じつに七十五%もの若者が「努力しても成功するとは限《かぎ》らない」と回答している。

4 また、社会学者の浅野智彦《あさのともひこ》らの研究グループが二〇一〇年に行なった大学生の意識《いしき》調査によると、「未来の自分」よりも「過去《かこ》の自分」に拠《よ》り所を求めようとする若者のほうが、今日では多くなっている。これからいかようにも形成可能《かのう》な自分の姿《すがた》を思い描《えが》きながら現在《げんざい》を生きるのではなく、すでに過《す》ぎ去った変更不可能《へんこうふかのう》な自分の姿を振《ふ》り返りながら現在を生きている。現在の生き方を規定《きてい》するのは、未来ではなく過去なのである。彼らは、あえていうなら未来志向《しこう》ではなく過去志向である。

5 これらの調査結果を重ね合わせて推察《すいさつ》すると、近年、大流行している*スピリチュアル・カウンセリングを求める人びとの感覚もよく理解《りかい》できるだろう。そこには、自らの前世やオーラといった変更不可能なものによって自分の人生が規定されているという発想が見られるからである。それと類似《るいじ》したパワースポット巡《めぐ》りも、自らの*霊性《れいせい》という根源的《こんげんてき》で不変なものを感じさせてくれる場所を求める行為《こうい》といえる。そんな若者は一部にすぎないと思われるかもしれないが、NHK放送文化研究所による

ナビ 2

3段落で、いよいよこの文章の本題に入りました。3段落の1～2文目では、「一九九〇年代まで」の日本人の考え方が示されているのに対して、「しかし」で始まる3～5文目では、「二〇〇〇年代以降《いこう》の、「とくに若い世代」の日本人の考え方が示されています。

筆者は、この二つの考え方を対比《たいひ》する学者の指摘を**引用**することで、日本人の価値観の変化に対する自分の主張《しゅちょう》を、くわしく説明しようとしていると考えられます。

文章を読み進めながら、筆者が自分の主張を説明するために、どんな論理《ろんり》を展開《てんかい》しているかを、着実にとらえましょう。

ナビ 3

4～6段落では、3段落で示された日本人の価値観の変化について、別の例を挙げて、さらに深く説明しています。

論説文《ろんせつぶん》は、常《つね》に前の段落とのつながりを考えながら読み進めるようにしましょう。

調査《ちょうさ》結果によると、近年、「あの世や来世」を信じる若者《わかもの》は増《ふ》えつつある。

6 また、そんな非科学的《ひかがくてき》なものに疑念《ぎねん》を覚える人たちも、じつは科学的な根拠《こんきょ》に乏《とぼ》しいといわれるポップ脳科学《のうかがく》の虜《とりこ》となり、さまざまな「脳力」の発掘《はっくつ》に取り組んでいる。それは、現在《げんざい》の自分を鍛錬《たんれん》することでさらに力を伸《の》ばしていこうという発想ではなく、むしろ潜在的《せんざいてき》に眠《ねむ》っているはずの力を呼《よ》び醒《さ》まそうという発想である。そこには、具体的な関心の持ち方は異《こと》なっているものの、スピリチュアルな若者たちと共通した感性《かんせい》がうかがえる。すなわち、自由意思で主体的に選択《せんたく》されたものとしてではなく、生まれもった資質《ししつ》に運命づけられたものとして、自分の人生を理解《りかい》しようとする感性である。

7 そうしてみると、インセンティブ・デバイドと呼《よ》ぶ意欲《いよく》の格差《かくさ》も、「生まれもった素質《そしつ》によって人生は決まる」という感覚が表《あら》われたものといえるのではないだろうか。さまざまな環境要因《かんきょうよういん》が有効《ゆうこう》に働いた結果、いま現在、高い学力を身につけている生徒たちは、そのことで自信を得《え》ることができ、「そもそも自分は最初から素質に恵《めぐ》まれているのだ、だから成功する運命にあるのだ」と確信《かくしん》しうる状況《じょうきょう》にある。そのため、さらに高い学力を求める意欲も出てくるのではないだろうか。

8 しかし、裏《うら》を返せば、いま現在、学力の低い生徒たちは、それを必然的な状態《じょうたい》とみなすことで、ますます自信をなくし、「そもそも自分は最初から素質を持ちあわせてなどいないのだ、だから報《むく》われない運命にあるのだ」と確信してしまうことにもなる。彼《かれ》らが努力する意欲を持てず、自らの人生を端《はな》から諦《あきら》めているように見えるのは、おそらくそのためだろう。人生のゆくえはあらかじめ定まっていると考えている点では、学

ナビ 4

7段落以降《だんらくいこう》では、1段落で出てきた「インセンティブ・デバイド」について再《ふたた》び取り上げています。

「インセンティブ・デバイド」とは、一九九〇年代以降の高校の、

- **「がんばれば必ず成功する」**と考える生徒
- **「何をやっても無駄《むだ》だ」**と考える生徒

の間で進んでいる、意欲《いよく》の二極化・格差《かくさ》です。

筆者は、7段落で、この「インセンティブ・デバイド」も、近年の若《わか》い世代に広まっている「生まれもった素質によって人生は決まる」という感覚の表

④

力の高い生徒も、あるいは低い生徒も、どちらも同じ心性の持ち主なのである。

9 じっさい、今日の中高生たちは、②「格が違《ちが》う」とか「身分が違う」などと形容《けいよう》して、クラスでの上下関係に過剰《かじょう》なほど気を遣《つか》い、交友関係を分断《ぶんだん》しつつ、*スクールカーストと呼ばれる状態を作り出している。格にせよ、身分にせよ、会社での上司と部下や、学校での教師《きょうし》と生徒のような、社会的に付与《ふよ》された役割《やくわり》や立場の違いを指す言葉ではなく、人間の本質的な属性《ぞくせい》の違いを指す言葉である。だからこそ、階層《かいそう》や階級ではなく、カーストと表現《ひょうげん》されるのである。しかも、そのカーストの違いは、学力の差によってではなく、コミュニケーション力の差によって定まる傾向《けいこう》が強い。学力のように数値化《すうちか》されず、努力の結果も見えにくい能力《のうりょく》だからこそ、それは個々人《ここじん》に本来的に備《そな》わった属性と看做《みな》されやすいともいえる。

10 このように、現在の若者たちの間には、宿命主義《しゅぎ》とでも呼ぶべき人生観が広がりつつある。それが前近代的な宿命主義と異《こと》なっているのは、理不尽《りふじん》な身分制度《みぶんせいど》によって抑圧《よくあつ》され、やむなく希望を諦めているのではないという点である。生まれもった素質という絶対的で本質的なものによって、一見すると合理的に自分の人生が定まっていると考えられているという点である。このような新たな宿命観の広がりは、社会学者の鈴木謙介《すずきけんすけ》のように、ネット社会の特徴《とくちょう》として語ることもできるだろう。彼によれば、つねにネットに接続《せつぞく》され、外部へ開かれているはずの現代社会で、しかし外部を志向《しこう》することができないのは、まさにそのネットによって自己《じこ》選択が先取りされているからである。自分の意志《いし》による選《せん》

われの一つではないかと述《の》べているのです。

そして筆者は、続く8～10段落で、現在の世の中で起きている多くの出来事の理由や背景《はいけい》にも、「インセンティブ・デバイド」の場合と同じく、「生まれもった素質によって人生は決まる」という感覚があるのではないかと考察しています。

全体の論理《ろんり》の流れをおさえることで、筆者の主張《しゅちょう》を理解していきましょう。

択《たく》に有効性《ゆうこうせい》を感じえなくなった人びとは、膨大《ぼうだい》な情報《じょうほう》の解析《かいせき》結果から示《しめ》される選択肢《せんたくし》を宿命として受け入れざるをえないのである。

（土井隆義《どいたかよし》『少年犯罪《しょうねんはんざい》〈減少《げんしょう》〉のパラドクス［若者《わかもの》の気分］』より）

85

〈語注〉
＊警鐘《けいしょう》　危険《きけん》な事態《じたい》を知らせるために打ちならす合図の鐘《かね》。
＊フラストレーション　欲望《よくぼう》や希望が妨《さまた》げられたり、実現《じつげん》できなかったことによる不満、失望感。
＊逸脱《いつだつ》　決められた枠《わく》から外れること。
＊コネ　入学・就職《しゅうしょく》・取引などに利用される人間関係。
＊スピリチュアル・カウンセリング　霊魂《れいこん》や霊的な能力《のうりょく》を利用することで、依頼者《いらいしゃ》の悩《なや》みを解決《かいけつ》できるよう導《みちび》くこと。
＊霊性《れいせい》　霊的な素質《そしつ》、性質。
＊スクールカースト　学校のクラス内で、能力や容姿《ようし》などにより各人が格付《かくづ》けされ、階《かい》層《そう》が形成された状態《じょうたい》。

新傾向

問1　――線①「次の図が示すように」とありますが、「勤勉《きんべん》よりも運・コネが大切」と答えた割合《わりあい》を示す図として本文の内容《ないよう》に合う最も適切《てきせつ》なものを次から一つ選び、記号で答えなさい。

解答ナビゲーション

ナビ　問1

問1のグラフは、タイトルと設問《せつもん》から、「勤勉よりも運・コネが大切」と答えた割合を示すグラフだとわかります。

グラフのタイトルや設問に注意することはもちろんですが、

● 縦《たて》の単位が「年」
● 横の単位が「%」

であることにも注目しましょう。

三本の棒《ぼう》グラフが、それぞれ、何年の回答の割合

図　勤勉よりも運・コネが大切（世界価値観調査《かちかんちょうさ》）

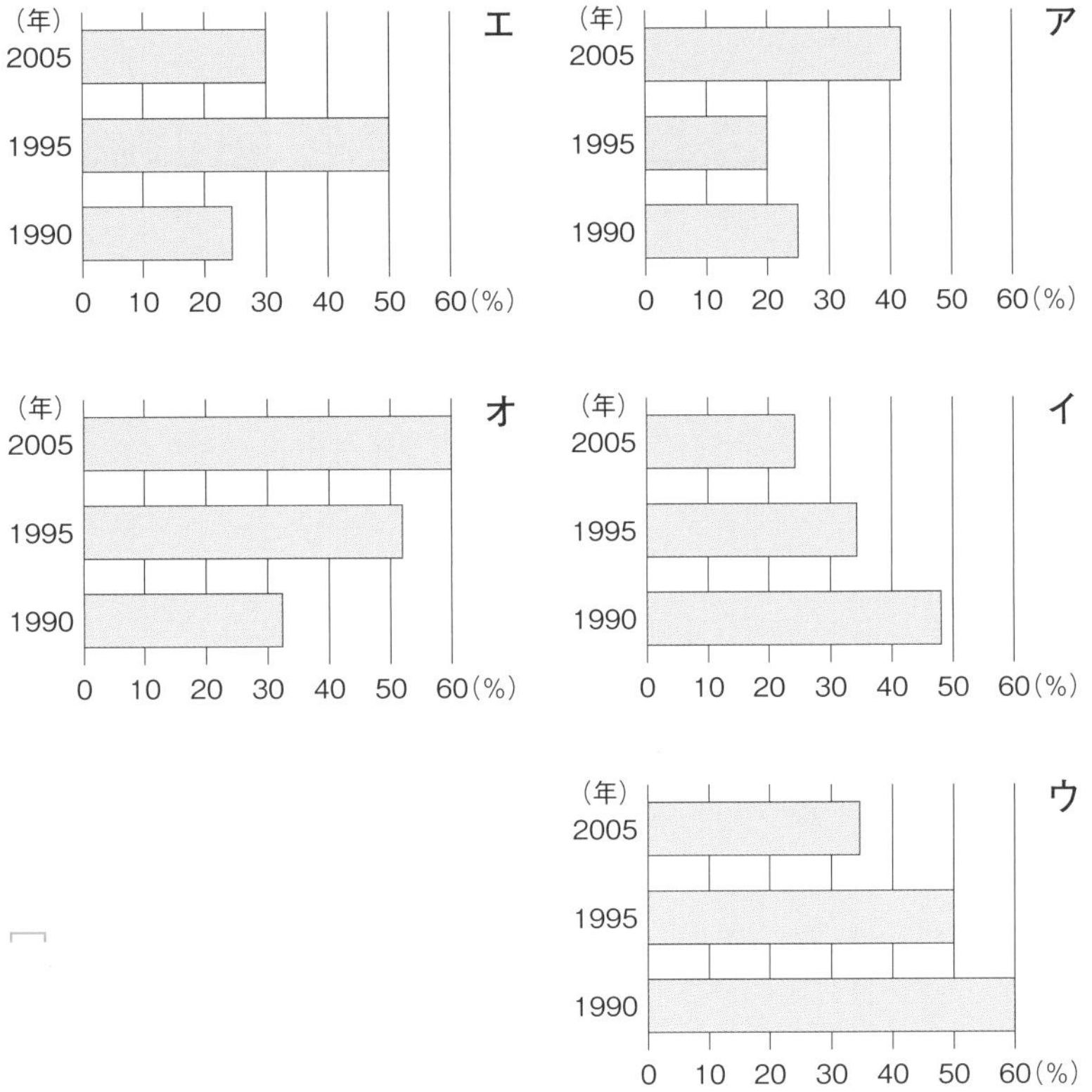

問2 ——線②「『格が違《ちが》う』」とありますが、ここで言うところの「格」とはどのような意味ですか。本文の言葉を用いて説明しなさい。

［　　　　　　　　　　］

ナビ **問2**（前ページより）

の数値《すうち》を表しているのかをしっかり確認《かくにん》して、文章中の内容と照らし合わせることが大切です。

3段落《だんらく》で、「一九九〇年代までの日本人は、そのほとんどが、人生で成功するためには勤勉が大切であると考えていた」「二〇〇〇年代に入ってからは、運やコネが大切であると考える人びとが半数近くまで増《ふ》えている」と述《の》べられています。さらに、その後もこの割合は増え続けていると考えられます。

これらをふまえ、正しいグラフを選びましょう。

ナビ **問2**

本来、「格」とは、地位・身分・階級を表すことばです。しかし、設問に**「ここで言うところの」**とあるので、本文中で用いられている意味を答える必要があります。

9段落のはじめで、この「格」は、「今日の中高生たち」が、クラスの上下関係を形容するために用いていることばだと説明されています。

そして、続く部分で、なぜ「格」がクラスの上下関係を表すことばとして用いられているのかが説明されています。

これらの内容をふまえ、ここでの「格」の意味をまとめてみましょう。

ナビゲーションつき練習問題③

解答 別冊21ページ

次の文章を読んで、あとの問いに答えなさい。

1 たとえば渋谷《しぶや》駅前の巨大《きょだい》なスクランブル交差点。そこは一度に大量の人がわたることで世界的に有名です。そこをわたろうとしているあなたは、目の前にやってくる大量の人々をどのように理解《りかい》しているでしょうか。すてきなファッションをした人や奇抜《きばつ》なかっこうをした人には思わず目がとまるでしょう。また知り合いを見かければ、声をかけたりするでしょう。しかし大半の人々は「交差点をわたる」見知らぬ他者です。だからこそ、目の前からいそがしそうにやってくる人々を過剰《かじょう》に見つめたりせず、声をかけたりなどしないで、ぶつからないように注意をはらいながら、支障《ししょう》なく、あなたは大勢《おおぜい》の他者の群れを上手にすりぬけていくのではないでしょうか。

2 なにをあたりまえで、つまらないことを話しているのかと思われるかもしれません。でも、なぜ、どのようにして私《わたし》たちが、「交差点を支障なくわたること」ができるのかを詳細《しょうさい》にふりかえることは、日常《にちじょう》生活世界をふだんどのように私たちが認識《にんしき》し、生きているのかを考える重要な事例と言えるのです。

3 私は、毎日大学に向かう電車の中で、常《つね》におどろいています。通勤《つうきん》通

（福岡・筑紫女学園中・改）

読解ナビゲーション

ナビ 1

この問題の文章のように、はじめに何らかの**具体的なエピソード**を示し、読者に**「ん？　何のことについて書かれた文章なのだろう？」**と、**疑問《ぎもん》と興味**を持たせてから、自分の主張《しゅちょう》したいことの説明を進めるパターンもあります。

このような文章では、その**エピソードのあとの部分に、筆者がこの文章で主張したい内容《ないよう》（問題）が示されています**。この文章では、2段落《だんらく》がそれにあたります。

したがって、この文章は、1段落ではなく**2段落から話が大きく展開《てんかい》している**ことを、しっかりと確認《かくにん》して読み進めていきましょう。

学ラッシュの中、大半の人が黙々《もくもく》とスマホ（スマートフォン）画面をながめ、指をいそがしそうにすべらせています。私は、この光景を異様《いよう》に感じ、見事な「画一さ」にいつもおどろいています。もちろんスマホがだめだなどと言っているのではありません。これもまた、私たちがふだん「あたりまえ」に電車に乗るための重要な＊実践知《じっせんち》と言えるのです。ただせまい車内で、自分の立ち位置を決めた瞬間《しゅんかん》、周囲《しゅうい》の人への関心をいっせいに遮断《しゃだん》して〝スマホバリアー〟で守られた世界へ人々が没入《ぼつにゅう》していく姿《すがた》は私にとって、いつもおどろきなのです。

4 ❷かつては、新聞を四つ折り、八つ折りにして顔を近づけ無心に読む姿や週刊《しゅうかん》マンガ雑誌《ざっし》を丸めて読む姿が中心でした。新聞や雑誌を読む姿とスマホに没入する姿は同じなのでしょうか。それともまったく異質《いしつ》な日常を生きる私たちの姿ができあがっているのでしょうか。同じように見える混《こ》んだ車内の光景ですが、私はこの二つはかなり意味が異《こと》なっていると考えます。

5 新聞や雑誌は、確《たし》かに私たちはそれを読みたいから読むのですが、見方を変えれば、これらは、身体がふれあうぐらい混んだせまい車内で、おたがいが儀礼的《ぎれいてき》にきょりをとり、特別な興味《きょうみ》や関心がないことを示《しめ》し、相手に対してきょりを保《たも》っていることを示す重要な道具と言えます。新聞や雑誌を読んでいても、周囲の音やとなりの人の姿勢《しせい》や動きなど細かいじょうきょうはわかるでしょう。その意味でこうした道具は、それに目を落としているとしても、常に周囲の他者の気配は感じ取れるし、私たちは常に周囲に気を配っているとも言えるのです。つまり、新聞や雑誌は、周囲に〝バリアー〟を張《は》る道具ではなく、周囲の他者とつながる

ナビ 2

3～4段落にも、**具体的なエピソード**が説明されていますが、この二つの段落には、重要な関係性《かんけいせい》があります。それは、この3～4段落のエピソードは、**対比《たいひ》されている**ということです。

4段落のはじめに**「かつて」**とありますが、これは**過去《かこ》と現在《げんざい》を対比させるとき**にしばしば用いられることばです。「かつて」をはさんで、

- 3段落の、**現在**のラッシュ時の電車内の光景
- 4段落の、**過去**のラッシュ時の電車内の光景

が比較《ひかく》されています。

「一方」「それに対して」といったわかりやすいことばでなくても、**対比の形を読み取るカギとなることば**があるので、注意するようにしましょう。

ための道具なのです。

6 他方、私《わたし》たちはスマホを通して、混《こ》んだ車内でもそこにいない他者と交信したりゲームを楽しんでいます。いわばスマホは、「今、ここ」で全く異質《いしつ》な*リアリティへ瞬時《しゅんじ》に跳躍《ちょうやく》できるおどろきの*メディアなのです。さらにスマホは、新聞や雑誌《ざっし》に比《くら》べ、小型軽量《こがた》であり、周囲《しゅうい》にめいわくもかけずに私たちは「混んだ車内」で操作《そうさ》ができます。イヤホンやヘッドホンをし、周囲からの音をさえぎり、視線《しせん》をスマホの画面に集中させるとき、私たちの心や関心は「今、ここ」にはないのです。

7 混んだ車内の二つの光景。❸一つは、新聞や雑誌を読みながらも、常《つね》に周囲の他者に対して儀礼的《ぎれいてき》に無関心を示《しめ》し、身体が密着《みっちゃく》しているとしても、そこに安心なきょりがあることを示しあう秩序《ちつじょ》が「今、ここ」で作られ維持《いじ》されている空間です。❸そして今一つは、それぞれがスマホに没入《ぼつにゅう》することで「今、ここ」に居《い》ながらも、個別《こべつ》のリアリティの跳躍を楽しんでいる空間です。ただし、そこは、まさに周囲の他者への関心を喪失《そうしつ》し、安心なきょりを保《たも》つための儀礼をびさいに実践《じっせん》することさえおこたっている人々の身体が満ちている空間なのです。

8 通勤通学《つうきん》での混んだ車内という、思いっきり「あたりまえ」で日常的《にちじょうてき》光景を詳細《しょうさい》に読み解《と》いてみました。そこからは、他者とつながるうえで、ふりかえって考えるべき興味《きょうみ》深い問題を私たちが生きていることがわかります。

9 私たちが何気なく見ている日常的光景。数え上げたらきりがないのですが、日常生活世界になんらかの意味をあたえている多様な「あたりまえ」の場面こそ、私たちが日常生活世界を詳細にふりかえってとらえ直

ナビ ❸

5～7段落は、3～4段落で示された具体的なエピソードの意味を、筆者が説明している重要な部分です。

そして7段落は、それまでの内容《ないよう》を結論《けつろん》づける最も重要な段落です。

この7段落の「一つは」「そして今一つは」という対比《たいひ》を示すことばに続く説明には、線や印をつけておくとよいでしょう。**両者の関連性《かんれんせい》**がわかりやすくなり、のちに問題を解くときの手助けになります。

……。**一つは**、……
……。**そして今一つは**、……
……

ちなみに、こうした**対比によって関連づけられたことば**に線や印をつけたうえで、他の場所で**別の表現によって言いかえられている部分**を発見したときに、同じ線や印をつけておくと、ぬき出し問題を解くときに、効率《こうりつ》よく答えを見つけ出すことができます。

すきっかけにあふれているのです。

10 そしてきっかけに気づくためには、ただ「あたりまえ」を＊漫然《まんぜん》と認《みと》め、「あたりまえ」がもつ心地よい、なまあたたかい空気にただひたっているのを、いったんやめる必要があるでしょう。言い方を変えれば、目の前の場面や光景を理解《りかい》するためにほぼ無意識《むいしき》のうちに使っている「＊処方《しょほう》せん」としての知識、いわば常識的知識をいったんカッコに入れ、この知識をどのように自分が使っているのか、またこの知識を使って場面や光景を理解していく営《いとな》み自体、はたして〝適切《てきせつ》で〟〝気持ちよい〟ものだろうか、などを立ち止まって考えてみる必要があるのです。そうした気づきや営みこそ、日常生活世界を生きて在《あ》る私たちの姿《すがた》を社会学的に読み解くためのはじめの一歩なのです。

11 「あたりまえ」におどろき、そこに何が息づいているのかを「見つめ」、その何かが本当に私たちが他者とともに気持ちよく生きていくうえで必要なのかを「疑《うたが》い」、さらにそれを「変えていける」とすれば、どのように自分の日常を変えていけばいいのかを考える営みこそ、まさに自分自身の暮《く》らしや人生を社会学的にふりかえって考える基本《きほん》といえるのです。

（好井裕明《よしいひろあき》『「今、ここ」から考える社会学』より）

〈語注〉

＊**実践知**　実際《じっさい》にものごとを行うときに、適切な判断《はんだん》をくだすための知識。
＊**リアリティ**　現実《げんじつ》・実在《じつざい》。
＊**メディア**　情報《じょうほう》を伝達する媒体《ばいたい》・手段《しゅだん》・技術《ぎじゅつ》。
＊**漫然と**　なんとなく。
＊**処方せん**　患者《かんじゃ》にあたえる薬について医師《いし》が指示《しじ》した書類。

ナビ 4

9段落以降《いこう》は、「社会学」という学問の説明を通して、読者に対して見方や考え方を広げることの効用を説明しています。

これまでの内容とどうつながっているのかを考えながら、筆者の考えを読み取っていきましょう。

新傾向

問　次は、本文を読んだ赤坂《あかさか》さん・筑紫《ちくし》さん・桜坂《さくらざか》さんが、【資料《しりょう》】を見て話をしている場面です。これを読んで、あとの問いに答えなさい。

【資料】あなたにとっての電車内時間は？（複数《ふくすう》回答）

（JR東日本企《き》画《かく》『EKISUMER vol.8（2011年3月）』より）

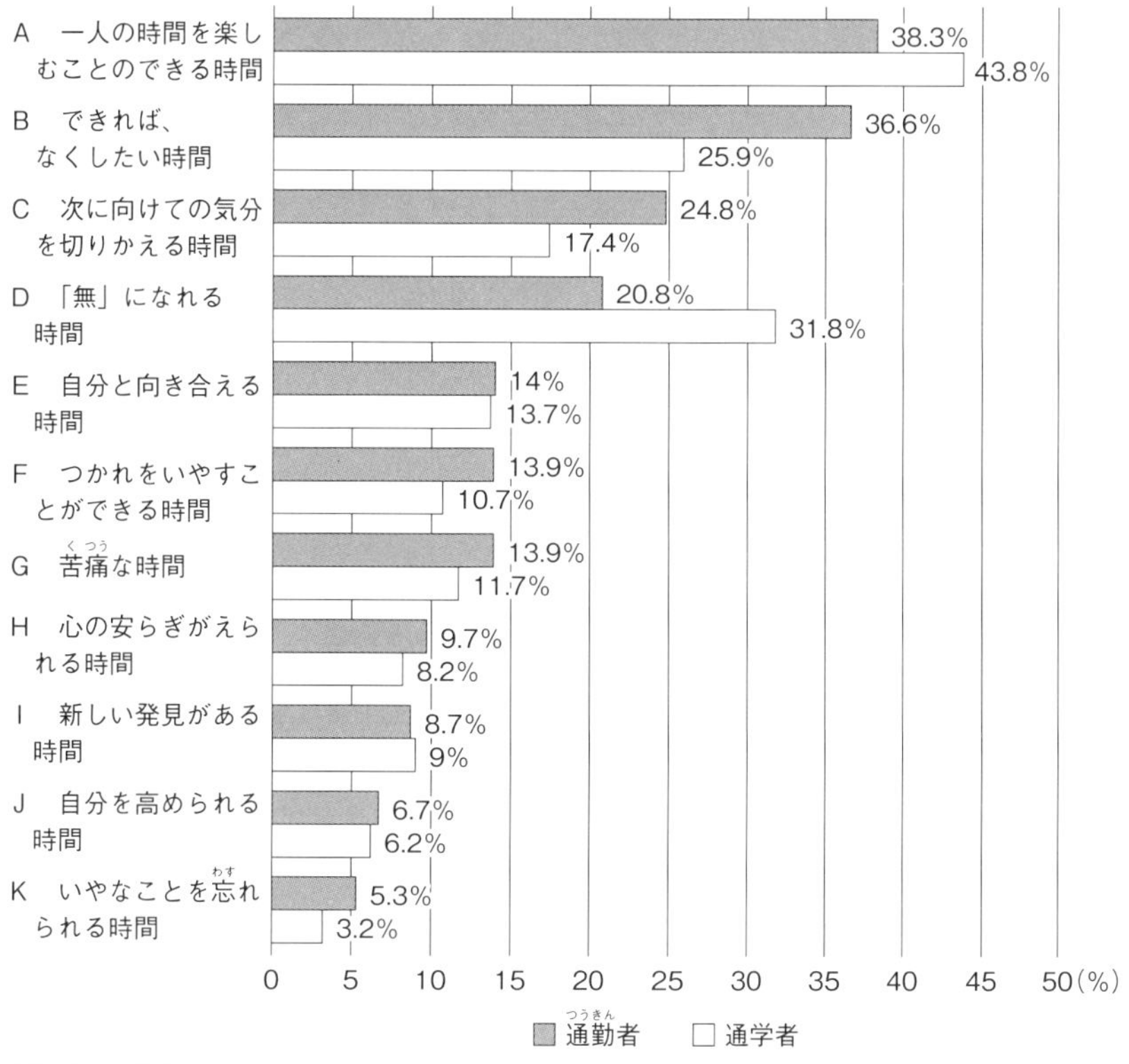

赤坂さん　電車の中で過《す》ごす時間を人々がどのようにとらえているかを表している【資料】を見てみると、いろいろなことがわかるわ。

解答ナビゲーション

ナビ　問(1)

［Ⅰ］には、前後の内容《ないよう》から、グラフの「すべての回答率を足す」と「一〇〇%より多くなる」理由があてはまると考えられます。

割合《わりあい》を示《しめ》すグラフの数値《すうち》は、すべての項目《こうもく》のものを足すと100%になるのが基本《きほん》です。

しかし、選択肢《せんたくし》からあてはまるものをすべて選ぶ形式の調査《ちょうさ》結果の場合は、回答の割合の数値の合計が、100%を超《こ》えることがあります。回答割合の計算の分母が、回答数ではなく回答者数になるからです。（ちなみにこの形式の数値を表現《ひょうげん》できるのは、棒《ぼう》グラフだけです。全体が100%になる円グラフや帯グラフでは、表現できません。）

この選択肢からあてはまるものをすべて選ぶ形式を指すことばを、【資料】から見つけましょう。

ところで、すべての回答率《かいとうりつ》を足すと、どうして一〇〇%より多くなるんだろう?

筑紫さん　それはね、このアンケートが Ⅰ を認《みと》めているからよ。

桜坂さん　なるほどね。通勤者と通学者の両者で最も多かった答えは Ⅱ だね。

筑紫さん　「自分を高められる時間」という答えもあるから、電車の中で過ごす時間を有効《ゆうこう》に使おうとしている人もいることがわかるね。

赤坂さん　これらの結果を見ると、人々にとって電車の中は Ⅲ と過ごす時間だという意識《いしき》が低いということが見てとれるわ。

筑紫さん　今の時代、電車内でどう過ごすかは人それぞれなんだね。

(1) Ⅰ に入ることばを、【資料】の中からぬき出して答えなさい。

〔　　　　〕

(2) Ⅱ には【資料】の中のA～Kのどれが入りますか。記号で答えなさい。

〔　　〕

(3) Ⅲ にあてはまることばを、4段落《だんらく》～5段落から五字でぬき出して答えなさい。

ナビ　問(2)

(2)は、【資料】のグラフの情報《じょうほう》と、設問《せつもん》の赤坂さん・筑紫さん・桜坂さんの三人の話を、慎重《しんちょう》に照らし合わせて考える必要があります。

Ⅱ には、前後の内容から、「通勤者と通学者の両者で最も多かった答え」があてはまると考えられます。

【資料】のグラフの中で、「通勤者と通学者の両者で最も多かった答え」を探《さが》しましょう。

ナビ　問(3)

(3)は、設問の三人の話と【資料】だけでなく、文章の内容を対応《たいおう》させて考える必要があります。

Ⅲ は、前後の内容から、現代《げんだい》の人々にとっては「電車の中」での過ごし方として意識しにくい要素があてはまると考えられます。

【資料】のグラフの項目を見ると、人々の多くは、「一人の時間を楽しむことのできる時間」「自分と向き合える時間」など、電車の中にいる時間を、「自分」のための時間として使っていると考えられます。

これと反対の内容を考え、文章の4～5段落から、Ⅲ に合うことばを探しましょう。

入試問題にチャレンジ

制限時間 30分　解答 別冊22ページ

次の文章を読み、あとの問いに答えなさい。

（東京・駒場東邦中・改）

「私《わたし》」（サーリヤ）は＊クルド人で、政治的《せいじ》弾圧《だんあつ》から逃《のが》れ、トルコから六歳《さい》の時に両親と日本にやってきた。来日から十二年たち、二年前に母ファトマは亡《な》くなっている。しかしこのたび、来日直後からしていた＊難民申請《なんみんしんせい》が不認定《ふにんてい》と決まり、＊在留資格《ざいりゅうしかく》が与《あた》えられなくなってしまった。父マズルムも規《き》則《そく》を破《やぶ》って県外で仕事をしたため、東京出入国在留管理局（入管）に収容《しゅうよう》されてしまい、自分はトルコに帰ると言い出していた。父がいなくなり、「私」は不安な生活を送っていた。

もう薄手《うすで》のコートでは寒いくらいになった。お父さんは、変わらず入管施設《しせつ》に収容されている。夏から初冬へと季節が変わる間、何も変わらず、何もできず、あの場所で過《す》ごしていることを思い知る。

＊山中《やまなか》先生が、お父さんに冬物の差し入れをしようと、家まで手伝いに来てくれた。

冬物のお父さんの作業ズボンのポケットから、初めて見る手帳のようなものを山中先生が見つける。

「これ、見て」

その手帳を、山中先生は私に渡《わた》した。小さな古いノートだ。毎日＊解体《かいたい》の仕事の現場《げんば》に持っていっていたのか、ずいぶん長く使っていたのか、表紙がすっかり黒ずんでいる。

中を開くと、日に焼けたページには、日本語で、私たち家族の名前がぎっしりと書いてあった。

サーリヤ、＊アーリン、＊ロビン、マズルム、ファトマ。日本語を覚えるため、何度も練習したのか、最初は変な形だったけど、だんだんときちんとした文字になっている。鉛筆《えんぴつ》で書いた字を手で擦《す》ったのだろうか、綺麗《きれい》とは言えないけれど、何度も書かれた文字に、お父さんの強い意志《いし》を感じた。

お父さんは、ここで、生きようとしていたんじゃないのか。私は、山中先生に、心からの願いを伝えた。

「お父さん、帰らせないようにできませんか？」

鞄《かばん》にセーターを詰《つ》めていた山中先生は困《こま》ったように眉毛《まゆげ》を下げた。

「もちろん、僕《ぼく》だってそうさせたい。でも、意思が固いんだ……」

「どうしてですか？　帰ったら捕《つか》まる危険《きけん》があるのに。おかしいじゃないですか。止めてください。先生、お願いです」

山中先生は、しばらく考え込《こ》んでいた。私は、もう引かないつもりだった。真《ま》っ直《す》ぐに山中先生を見つめ続けた。

山中先生はふーっと息を吐《は》くと、腹《はら》を決めたように話し始めた。

「言わないでと頼《たの》まれていたんだけど……。在留資格を失ってしまった外国人でも、日本で育った子どもにだけ*ビザが出たケースがあるんだよ。その家族の場合はね、親のビザを諦《あきら》めた代わりに、子どもにビザが出たんだ。お父さんは入管の中でそのことを知って……自分だけ帰ると言い出したんだ」

「……」

私は言葉を失った。

山中先生の話では、そもそも日本は血統主義《けっとうしゅぎ》だから、日本で生まれても、日本人の血が流れていないと国籍《こくせき》が取れない。でも、あるタイ人の親子は、滞在《たいざい》資格を失ってしまった親が帰国することで、日本で生まれ育った子どもにのみビザが出たらしい。クルド人でも、日本の大学や専門《せんもん》学校に進むことができた人にだけ、留学ビザとして滞在許可《きょか》が出て、そこから就職《しゅうしょく》にも繋《つな》げることができた例があるのだと。

そういう例があることに希望をかけて、お父さんは自分一人で帰ることを望んでいるのか。私の頭は真っ白になった。（中略《ちゅうりゃく》）

「お父さんは……勝手すぎます」

「確《たし》かに、そうとも言える。でもね、今の日本がお父さんにそうさせることを、僕たちは理解しなくちゃいけないんだ。家族を別々にすることで、一方を居《い》させるなんて、あってはならない。なんて残《ざん》酷《こく》なんだと僕は思うよ。子どもが安全に家族と暮《く》らす権利《けんり》は、世界中の誰《だれ》にでも認《みと》められているんだ」

山中先生の言葉が、私の胸《むね》を突《つ》いた。お父さんの決断《けつだん》も、それを強《し》いる社会も、どちらも、私には納得《なっとく》ができない。

誰が、なんのためにそんなことを強いるのだろうか？

ふと気づいて、お父さんのノートを反対から開いた。

横書きでびっしりと、長い文章が書いてある。それは、小さく、細かな文字で、二十ページ以上続いていた。ページによって、インクの色が違《ちが》うから、長い期間、たぶん何年にもわたって、少しずつ書き継《つ》がれたようだ。これは、クルド語だ。

私は、そこにはきっとお父さんの本当の気持ちが書かれていると感じた。

山中先生は、それをしばらく見て言った。

「きっとお父さんは、忘《わす》れないために書いたんだ。クルドのことを。自分が誰であるか。遠くの土地にいても、自分であり続けるために」

私もアーリンも聞こうとしないから、お父さんはクルドのことを話さなかった。お父さんは長い間、一人でどんなことを、どんな思いで書き続けていたのだろう。

クルド語だということだけはわかっていても、そこに、何が書いてあるのか、私には読むことができない。誰かに聞けば、内容《ないよう》はわかるだろう。でもその時、私は、それを自分の力で読みたい、と思った。お父さんを、自分の力で知りたい。

クルド語を覚えたいと思ったのは、生まれて初めてだった。

（中略）

お父さんと二人だけで話すのは、すごく久《ひさ》しぶりだった。

面会室に入ってきたお父さんは、前回会ったときより、さらに痩《や》せてしまっていた。髪《かみ》も髭《ひげ》も、白髪《しらが》が増《ふ》えて、ボサボサのまま広がっている。この面会室からは見えないけれど、お父さんのこの姿《すがた》を見ただけで、入管施設《しせつ》の環境《かんきょう》の辛《つら》さがよくわかる。こんなところから、早く出してあげたい。でも、お父さんだけトルコに帰るのは、嫌《いや》だ。今日はそれを、伝えるつもりで来た。私《わたし》はノートを取り出して見せた。

「これ……お父さんのノート、見たよ。日本語、練習してたんだね。日本で生きていこうって思って、練習したんでしょ？」

お父さんは、ノートを見て、驚《おどろ》いたように目を大きく開けた後に、ふっと息を吐《は》いた。

「それを書いたときは、まだ、難民申請《なんみんしんせい》もだめになってなかったからね」

ノートの最後に書かれたクルド語の文章をお父さんに見せる。

「これは？　何が書いてあるの」

「それは……俺《おれ》が、クルドに居《い》たときにあったこと。子どものころにあったこととか……家族がされたこと……」

そう言うと、お父さんは言葉を詰《つ》まらせた。ずっと奥《おく》のほうに仕《し》舞《ま》っていた記憶《きおく》の扉《とびら》を開けることが、苦しいのかもしれない。

「私、自分の力で読む。クルド語、勉強するから。教えてよ」

お父さんは、優《やさ》しく微笑《ほほえ》んでから言った。

「もうすぐ、国に帰ることになる。俺が帰っても大丈夫《だいじょうぶ》なように、いろいろ準備《じゅんび》してる。＊ロナヒに頼《たの》んであるから、しばらく一緒《いっしょ》に暮《く》らしなさい」

「お父さん、帰らないで。ここに居《い》て」

私は、真《ま》っ直《す》ぐにお父さんの目を見て、はっきりと伝えた。お父さんの瞳《ひとみ》の奥が揺《ゆ》れたのを感じた。固い決意だって、私ならば崩《くず》せるかもしれない。そのとき、そう思った。

「裁判《さいばん》しよう。一緒にいられるように、きっと、いつか大丈夫になるから」

続けて私がそう言うと、しばらく間があった。お父さんは、私の言葉を飲み込《こ》んで、それにどう応《こた》えるか、ゆっくりと考えているようだった。数分後、口を開くと、

「……クルドの家のそばに、オリーブの樹《き》があったの、覚えてる？」

と言った。思いがけない話題で、会話の流れを変えられてしまった。

私は、今暮らしているアパートのベランダにあるオリーブの樹しか知らない。お父さんが言った、クルドのオリーブの樹を思い出すことができずに、ただ無言でお父さんを見つめた。

「サーリャが生まれた時、ファトマと二人で植えた。毎年一本ずつ植えて、いつか林にしようって。でも、五本しか植えられなかった。それ以上、居られなくなったから」

お父さんは、少し俯《うつむ》いて目を閉《と》じて、何かを思い浮《う》かべていた。

それから目を開けて言った。

「お前のお母さんは、オリーブの樹のすぐ近くで眠《ねむ》ってる。一人きりで。だから、そばに行くんだ。今の季節なら実がついてるかもしれない。覚えてる？　ここに来る前、一本、一緒に植えたの？」

お父さんにとって、それが大切な記憶であることが伝わってくる。オリーブの苗《なえ》を植える、お父さんとお母さんと、小さい私。でも、私には、どうしても、そのことが思い出せない。

「目を閉じて」

急に言われて、戸惑《とまど》っていると、早くつぶって、と促《うなが》される。

「今、何が思い浮かぶ？」

目をつぶって、私は素直《すなお》に、一番初めに思い浮かんだ光景を口にした。

「……なんでだろ……ラーメン……みんなで行ったとこ」

＊仮放免《かりほうめん》になって、もう希望がなくなったと思った時に、家族でラーメンを食べた。あのひとときの幸福が、私が今、一番欲《ほ》しいものだ。お父さんは私の答えを聞いて微笑んだ。

「お腹空《なかす》いたの？」

「ううん」

お父さんが、人差し指と中指をお箸《はし》みたいにして、ずずーっと音を立てて、ラーメンを食べるふりをした。

私も、おんなじようにする。指の箸を上下させて、ずずっとラーメンを食べる。アクリル板を挟《はさ》んで、お互《たが》いにその動作を繰《く》り返した。笑いながら、目から涙《なみだ》がこぼれ落ちた。

子どもの頃《ころ》に戻《もど》ったみたいだった。私も、お父さんも。お父さんを心から信じて、大好きでたまらなかったあの頃。いや、今だって、本当はそうなんだ。

でも、親子であっても、私とお父さんが一番に心に思い浮かべる風景は違《ちが》う。私にとっての故郷《こきょう》は、クルドではなくて、ここでしかないことが、お父さんにも、伝わっている。お父さんは笑って言った。

「これからは好きなように食べて」

「……うん」

私は、確信《かくしん》を持って答えた。お父さんは、自分を犠牲《ぎせい》にしてでも、私たちにとっての故郷を守りたいと思ってくれた。故郷は、お父さんにとって、すごく大事なものだからこそ、そう思ってくれたんだ。

こんなことを強《し》いる社会は間違ってる。お父さんを犠牲にしてしまうことなんておかしい。いろんな思考が頭を駆《か》け巡《めぐ》る。でも、何より強かったのは、お父さんの、私の故郷を尊重《そんちょう》してくれようとする思いを、しっかりと受け取らなければいけないという気持ちだった。それは、お父さんにとってのクルドを大切にすることにも繋《つな》がる気がした。

面会の終了時間《しゅうりょうじかん》です、と職員《しょくいん》が部屋の外から声をかけた。

「まだ……」

もう少し、話していたかった。今なら、やっと、お互いの思いを包み隠《かく》さずに話すことができるんじゃないかと思う。でも、お父さんは、これ以上面会室に居られなかった。

「自転車、解体《かいたい》の現場《げんば》の倉庫にある」

お父さんの両手のひらが、目の前に現《あらわ》れる。お父さんは、目をつぶり、ふーっと息を吐《は》き出す。その姿《すがた》は蛍光灯《けいこうとう》の光に照らされて、神々《こうごう》しい。

「Insallah《インシャーラー》 em《エム》 ê rojên《エイロジェン》 ronahî《ロナヒ》 bibînin《ベィビーヌン》」

いつものクルド語のお祈《いの》りの言葉だ。お父さんは、顔を洗《あら》い流す、いつものお祈りの動作をすると、優《やさ》しく微笑《ほほえ》んだ。

毎日唱えた言葉の意味さえ、私《わたし》は知らない。でも今、なんとなくだけれど、私は、それがどんな意味だったのか、わかった。私は、壊《こわ》れた水道みたいに涙《なみだ》と鼻水が流れ出すのを止められなかった。

お父さんは立ち上がり、部屋を出ていく。その大きな背中《せなか》が小さくなり、足音が遠くなっていく。

私はしばらく立ち上がることができず、電池切れしたみたいに座《すわ》ってた。涙と鼻水と一緒《いっしょ》に身体の力が流れ出してしまったみたいで、入管の職員《しょくいん》が、退出《たいしゅつ》してくださいと呼《よ》びにくるまで、そのままそこに座ってた。

でも、私はきっちりと意志《いし》を持って立ち上がった。それからは、涙は出なかった。

帰り道も、はっきりと覚えている。どうしてか、いつもよりもむしろ、物事がクリアに見えている。街の看板《かんばん》や道路の脇《わき》に咲《さ》く雑草《ざっそう》、当たり前にそこにある存在《そんざい》に目がいく。今だからこそ、見たい景色があった。

そのために、私はまず、大事な相棒《あいぼう》を取り戻《もど》しに行った。お父さんの働いていた、解体《かいたい》の置場。その片隅《かたすみ》にある倉庫に自転車は隠《かく》されていた。埃《ほこり》がついたサドルとハンドルを手で払《はら》い、私は、自転車にまたがって、ペダルを漕《こ》ぎ始めた。

あの、荒川《あらかわ》にかかる大きな橋を渡《わた》る。

埼玉から、東京に渡った。誰《だれ》がここに、国境《こっきょう》を引けるんだ。私には、それを越《こ》える力がある。私が、自分の進む道のハンドルを握《にぎ》ってる。自動車にも、大きなトラックにも負けない。流れには、流されない。

立ち漕ぎをして、思いっきりスピードを出して力強くペダルを踏《ふ》み続ける。踏めば踏むだけ、前に進む。

東京側の河川敷《かせんじき》に着くと、自転車を降《お》りた。聡太《そうた》くんと、二人で来た場所だ。

川の反対側に、私たちが暮《く》らしてきた街がよく見える。小学校があって、高層《こうそう》マンションがあって、住宅街《じゅうたくがい》があり、工場もある。川口の街。

お父さんとお母さんと一緒にここへやってきて、ここでアーリンとロビンが生まれた。いじめられたこともあったけど、友達もたくさんできた。いっぱい勉強もして、いろんな人に会った。秘密《ひみつ》のバイトをして、初めて好きな子ができた。

私は、自分の足で、大地を踏んでいる。息を吸《す》って、吐く。

私を見ている人は、今、誰もいない。

それでも、今、ここで、たしかに生きている。

Insallah《インシャーラー》 em《エム》 ê《エ》 rojên《イロジエン》 ronahî《ロナヒ》 bibînin《ベイビーヌン》

あなたと私たちの未来に、光がありますように。

（川和田恵真《かわわだえま》『マイスモールランド』より）

〈語注〉

＊クルド人　独自《どくじ》の言語や文化を持ち、特定の国を持たず、トルコ、イラン、イラク、シリアなどにまたがって居住《きょじゅう》している

＊難民申請《なんみんしんせい》　自国で迫害《はくがい》を受ける恐《おそ》れのある外国人が保護《ほご》を求めること

＊在留資格《ざいりゅうしかく》　外国人が日本に住むことができる資格

＊山中《やまなか》先生　サーリャ一家を保護している弁護士《べんごし》

＊解体　建築《けんちく》関係の仕事

＊アーリン・ロビン　サーリャの妹と弟

＊ビザ　入国許可証《きょかしょう》

＊ロナヒ　近所に住む母方の親戚《しんせき》

＊仮放免《かりほうめん》　働いたり自由に移動《いどう》したりできなくなる状態《じょうたい》

問　この小説を読み終えたAさん・Bさん・Cさん・Dさん・Eさんが日本における難民制度《なんみんせいど》について調べたところ、次の【資料《しりょう》1】～【資料3】を見つけた。この小説と資料をもとに述《の》べられた意見として適切《てきせつ》でないものをあとから一つ選び、記号で答えなさい。

【資料1】

	難民認定処理数《にんていしょり》（人）	難民認定数（人）	難民認定率《りつ》
カナダ	29951	16904	56.44%
アメリカ合衆国《がっしゅうこく》	99409	35207	35.42%
イギリス	37013	12050	32.56%
ドイツ	245585	56586	23.04%
イタリア	95200	6506	6.83%
フランス	151057	29078	19.25%
日本	16596	43	0.26%

先進７カ国の難民認定率（2018年）　UNHCRのデータを元に作成

【資料2】

	難民認定処理数（人）	難民認定数（人）	難民認定率
カナダ	1662	1486	89.41%
アメリカ合衆国	674	502	74.48%
イギリス	933	472	50.59%
ドイツ	9093	3786	41.64%
イタリア	276	85	30.80%
フランス	2549	665	26.09%
日本	1010	0	0%

トルコ出身難民申請者の難民認定率（2018年）　UNHCRのデータを元に作成

【資料《しりょう》3】

クルド人を難民認定《なんみんにんてい》　札幌《さっぽろ》入管、トルコ国籍《こくせき》は全国初
代理人「大きな一歩」

（二〇二二年八月一〇日　北海道《ほっかいどう》新聞）

トルコ出身のクルド人で札幌在住《ざいじゅう》だった男性《だんせい》(30)を「難民に該当《がいとう》する」と判断《はんだん》し、国の不認定処分《しょぶん》を取り消した5月の札幌高等裁判所《さいばんしょ》の判決(確定《かくてい》)を受け、札幌出入国在留《ざいりゅう》管理局が男性を難民と認定したことが9日、代理人弁護士《べんごし》への取材で分かった。抑圧《よくあつ》を逃《のが》れて来日したクルド人を支援《しえん》する「クルド難民弁護団《だん》」によると、トルコ国籍のクルド人が難民認定されたのは全国で初めて。

ア　**A**さん　「**【資料1】**を見ると、日本は難民の認定率《にんていりつ》が他の先進国に比《くら》べて著《いちじる》しく低くなっているね。この小説でサーリャの家族が難民として認定されなかったのも珍《めずら》しいケースではなかったんだね。」

イ　**B**さん　「**【資料2】**を見ると、トルコ出身者は日本ではまったく難民認定されていないね。そもそも日本ではトルコ出身の人が難民申請《しんせい》をするケースが他国に比べて少ないのかもしれないけど。」

ウ　**C**さん　「**【資料1】**と**【資料2】**を見ると、日本の難民認定率がそもそも高くない上、とりわけトルコ出身者の難民認定が難《むずか》しいことがわかるね。何か特別な理由があるのかもしれないから、トルコやクルドについて調べてみた方がいいかも。」

エ　**D**さん　「日本でこれだけ難民認定がされていないのには、小説内で出てきた『血統主義《けっとうしゅぎ》』(36行目)以外にも他の理由もあるかもしれないね。もう少し、難民について調べてみないと、簡単《かんたん》に日本の難民政策《せいさく》に問題があるとは言えないよね。」

オ　**E**さん　「**【資料3】**を見ると、これは小説の中でサーリャのお父さんが言っていた『あなたと私《わたし》たちの未来に、光がありますように』(２０８行目)というお祈《いの》りの『光』にあたる出来事だと言えるんじゃないかな。」

［　　］　［　　］

ヒント

● 政治的《せいじ》理由などで迫害《はくがい》を受ける恐《おそ》れがあるため、他国に逃れて保護《ほご》を必要としている人々のことを、**難民**と言います。文章中の「私（サーリャ）」たち一家は、政治的弾圧《だんあつ》を逃れて日本にやってきた**クルド人**であり、安全な日本で暮《く》らし続けるために、来日直後から**「難民申請」**をしていました。

● **【資料1】**～**【資料3】**は、いずれも、「私」たちのように、**日本で暮らしたいと願っているクルド人が、現在《げんざい》直面している状況《じょうきょう》に関連した資料**です。問 の選択肢《せんたくし》であるAさん～Eさんの発言とそれぞれの資料の内容《ないよう》を丁寧《ていねい》に照《て》らし合わせて、適切《てきせつ》でないものを判断しましょう。

● 資料の情報《じょうほう》を読み取るときには、頭の中で**事例ごとの具体的なイメージ**を思い浮《う》かべてみることが大切です。たとえば、**【資料1】【資料2】**の表からは、**他国の難民認定者に比べて、日本の難民認定者が極端《きょくたん》に少ない**ことがイメージできます。

4 実用文・お知らせの問題

例題 次の【資料《しりょう》】と【会話文】を見て、あとの問いに答えなさい。

解答 別冊25ページ

【資料】秋の市民スポーツ大会のお知らせ

秋の市民スポーツ大会のお知らせ

当市では、スポーツの楽しさを共有し、交流を深めるため、今年も秋の市民スポーツ大会の開催《かいさい》を予定しております。市民の皆様《みなさま》、お誘《さそ》い合わせの上、ぜひふるってご参加ください。

種目 野球・サッカー・ドッジボール

日時 2024年10月20日（日）

A.M.9：00～P.M.17：30

場所 市民グラウンド

持ち物 スポーツタオル

水分補給用《ほきゅうよう》の飲み物

注意事項《ちゅういじこう》 更衣《こうい》スペースはありません。

入試傾向

実用文やお知らせから、情報《じょうほう》を読み取る問題です。通知文・新聞記事・手紙など、日常《にちじょう》で見かける実務的《じつむてき》文章の内容《ないよう》を理解《りかい》・活用する力が問われます。

ステップ1

タイトル（見出し）に注目する

実用文やお知らせには、さまざまな種類や形があります。しかし、見た目にまどわされず、まずは**タイトル（見出し）**から、**何のどのような情報を示《しめ》しているのか**つかみましょう。

ステップ2

資料の特徴《とくちょう》に注目して読む

実用文やお知らせは、情報を伝えやすくするために、**ふつうの文章とちがう工夫《くふう》**がされていることがあります。

☑イメージを伝える図・イラスト・写真を添付《てんぷ》する

☑情報を補《おぎな》う表やグラフを添付する

☑箇条書《かじょうが》き（一つずつ項目《こうもく》に分けて書き並《なら》べる形式）にする

また、実用文の種類によっては、一定の決まった形式にそって書かれているものもあります。

【会話文】【資料】を見たAさんが、お母さんと話し合った内容

Aさん　お母さん、わたし、今度の日曜日の市民スポーツ大会に参加することにするわ。
お母さん　あら、それは健康的でいいわね。何時に出かけるの？
Aさん　午前［Ⅰ］時に開始だから、会場の［Ⅱ］には十分前には着きたいな。多分、八時二十分くらいに家を出れば間に合うよ。
お母さん　持ち物は何かしら。わすれものはしないでね。
Aさん　わかってるわ。［Ⅲ］と水分補給用の飲み物を準備《じゅんび》しなきゃ。あと、注意事項から考えると、［Ⅳ］必要があるわね。
お母さん　そう、楽しんでいらっしゃいね。

問1　**［Ⅰ］～［Ⅲ］にあてはまることばを、それぞれ答えなさい。**

Ⅰ［　　］
Ⅱ［　　］　Ⅲ［　　］

問2　**［Ⅳ］にあてはまることばとして最も適切《てきせつ》なものを次から一つ選び、記号で答えなさい。**

ア　主催者にメールで参加の意志《いし》を伝える
イ　事前に参加競技《きょうぎ》の練習をしていく
ウ　熱中症予防《ねっちゅうしょうよぼう》にこまめに水分をとる
エ　あらかじめ家から体操服《たいそうふく》を着ていく

［　　］

それぞれの**特徴**をふまえ、資料が伝えようとしている情報を読み取りましょう。

【資料】は、タイトル（見出し）から、**秋の市民スポーツ大会のお知らせ**だとわかります。あとの**【会話文】**は、お知らせを見たAさんが、お母さんと話し合った内容です。

問1　前後の内容から、［Ⅰ］は大会の**開始時刻《じこく》**、［Ⅱ］は大会の**会場**、［Ⅲ］は「水分補給用の飲み物」以外の**持ち物**があてはまると考えられます。これらの情報は、**【資料】**の後半で**箇条書き**になっている部分にまとめられています。

問2　の［Ⅳ］には、**【資料】**の注意事項の内容から導《みちび》き出される考えがあてはまると考えられます。**【資料】**の箇条書き部分の**「注意事項」**には、「更衣スペースはありません」と書かれています。よって、会場で着替《きが》えなくてもいいようにする必要があることがわかります。

ポイント

新聞記事など文章を中心とした実用文には、事実・情報と、書き手の意見・考えがいっしょに書かれていることがあります。事実・情報と、書き手の意見・考えを区別しながら読みましょう。

ナビゲーションつき練習問題①

①

翼《つばさ》くんの学校では、交通安全についての講演会《こうえんかい》が行われました。その後、学級委員会で交通安全についてのポスターを作ることになりました。【資料《しりょう》1】【資料2】と【ポスター】を参考にしながら、あとの問いに答えなさい。

（茨城・土浦日本大中等教育学校・改）

①

【資料1】自転車と歩行者の接触事故《せっしょくじこ》

	平成16年	平成17年	平成18年	平成19年	平成20年	平成21年
歩行者との事故	2543	2617	2783	2869	2959	2946
自転車事故全体	188338	183993	174469	171169	162662	156485

	平成22年	平成23年	平成24年	平成25年	平成26年
歩行者との事故	2770	2806	2625	2605	2551
自転車事故全体	151681	144058	132048	121040	109269

（「警察庁《けいさつちょう》　交通事故の発生状況《じょうきょう》について　平成26年」による）

【資料2】自転車事故を防《ふせ》ぐための対策《たいさく》メモ

1　自転車は車道の左側を走る。（歩道の自転車走行は例外）
2　歩道は歩行者優先《ゆうせん》を心がける。
3　交差点などではとくに周囲《しゅうい》に気を配り、安全を確認《かくにん》する。
4　安全ルールを守る。（飲酒運転の禁止《きんし》、二人乗りの禁止、夜間のライト点灯《てんとう》、信号を守るなど）
5　走行時にヘルメットを着用する。

読解ナビゲーション

ナビ①

設問文《せつもんぶん》に注目すると、【資料1】と【資料2】を正確《せいかく》に反映《はんえい》させたポスターを作るというのが、この問題の課題だとわかります。

そして、それぞれのタイトル（見出し）などから、

- 【資料1】は、「自転車と歩行者の接触事故」の年ごとの件数《けんすう》が書かれている表
- 【資料2】は、「自転車事故を防ぐための対策」を書いたメモ

だと判断《はんだん》できます。

これらをふまえて、【ポスター】の内容《ないよう》を見ていきましょう。

解答 別冊25ページ

❶

【ポスター】

自転車事故をなくそう

平成16年とくらべて、平成26年の自転車事故は［Ⅰ］した

が！

歩行者との間での事故数は［Ⅰ］していない

つまり

自転車と歩行者の事故の割《わり》合《あい》は［Ⅱ］している！

❷ ◎自転車は車と同じ、危険《きけん》がともなう乗り物です。

※【ポスター】は次のページにつづきます

ナビ❷

【資料1】【資料2】を見ながら、【ポスター】のどこにどの内容が反映されているかを考えていきましょう。

【ポスター】のタイトル（見出し）には、「自転車事故をなくそう」とあります。よって、この【ポスター】には、**「自転車事故」をなくすための呼《よ》びかけ**が書かれていると考えられます。

さらに、【ポスター】の❷の部分には、「平成16年」「平成26年」という**年月に関連する情《じょう》報《ほう》**と、そこから導《みちび》き出された**考え**が書かれています。よって、この部分には、年ごとの数値《すうち》が書かれている【資料1】の内容がおもに反映されていると考えられます。

❸

自転車事故《じこ》をふせぐための対策《たいさく》

交通ルールを守ろう。
① 2人乗りをしない
② 暗くなったらライトをつける
③ 信号を守る

自転車は車道の左側を走ろう。

歩道を走るときは歩行者優先《ゆうせん》を心がけよう。

自転車に乗るときはヘルメットを着用しよう。

Ⅲ

交通安全標語コンクール開催《かいさい》！
ぼくたちの町の安全を守るための標語を募集《ぼしゅう》します。
くわしくは学級委員会まで！

ナビ❸

この❸の部分の先頭には、「自転車事故をふせぐための対策」という小見出しがあります。
よって、この部分には、おもに【資料《しりょう》2】の内容が反映《はんえい》されていると考えられます。

新傾向

問1 Ⅰ・Ⅱにあてはまることばをそれぞれ答えなさい。

※Ⅰには二か所とも同じことばが入ります。

Ⅰ〔　　　　〕　Ⅱ〔　　　　〕

新傾向

問2 Ⅲにあてはまる内容《ないよう》を、二十字以内で答えなさい。

（20字の解答欄）

問3 交通安全ポスターの一番下にある「交通安全標語コンクール」にあなたも参加することになりました。次の条件《じょうけん》にしたがって標語を作成しなさい。

《条件1》【資料2】の1～5の中から一つ選んで、それに関する標語とすること。

《条件2》表現《ひょうげん》方法は川柳《せんりゅう》(五・七・五)の形式をとること。字あまり字たらずは認《みと》めない。

〔　　　　〕

解答ナビゲーション

ナビ 問1

Ⅰ・Ⅱをふくむ部分には、【資料1】の内容が反映されています。

二つのⅠに同じことばが入ることをふまえ、平成16年と平成26年の事故件数《けんすう》の数値《すうち》を探《さが》し、あてはまることばを考えましょう。

ナビ 問2

Ⅲをふくむ部分には、【資料2】の内容が反映されています。

ポスターにすでに書かれている対策と【資料2】のメモの内容を一つひとつ確認《かくにん》し、ポスターに書かれていない対策を探しましょう。

ナビ 問3

- 【資料2】の1～5の中から一つ選んで、それに関する標語にする
- 川柳(五・七・五)の形式を取る(字あまり字足らずなし)

という条件があります。よって、【資料2】の対策のことばを、「五・七・五」の形式にあてはめて考えるとよいでしょう。

ナビゲーションつき練習問題②

次の【資料《しりょう》】と【会話文】を読み、あとの問いに答えなさい。

（埼玉・城西川越中）

❶

【資料】

秋の遠足の行程表《こうてい》

8：30　学校集合
　　　体調観察
9：00　出発
10：00　城西公園《じょうさい》到着《とうちゃく》
　　　※トイレを済《す》ませ、クラスごとに整列して待機。
10：15　オリエンテーリング開始
12：00　運動広場集合
　　　※班員《はんいん》全員で担任《たんにん》の先生のチェックを受けその後昼食。
13：00　クラスごとに写真撮影《さつえい》
［　　］　城西公園出発
15：00　学校到着・解散《かいさん》

〈注意事項《じこう》〉
・朝、必ず検温をし、体調観察表に記入した上で担任の先生に見せること。
・体調不良の場合は学校に連絡《れんらく》し、無理をせずに休むこと。

読解ナビゲーション

ナビ❶

【資料】は、タイトル（見出し）から、「秋の遠足の行程表」だとわかります。

【資料】前半は、秋の遠足のスケジュールが、時間経過《けいか》順に書かれています。ここを見れば、どんなイベントが何時に起きる予定かがわかります。

さらに、あとの時間から前の時間を引くことで、それぞれのイベントにどの位の時間がかかるのかも読み取れます。

8：30　学校集合
　　　体調観察
9：00　出発

→ 30分
学校集合～出発
（体調観察）

解答 別冊27ページ

2

【会話文】

Aさん　いよいよ明日は、秋の遠足だね。みんなで感染症対策《かんせんしょうたいさく》をして、有意義《ゆういぎ》な行事にしようね。

Bさん　そうだね。昨日先生がおっしゃっていたように、常《つね》にマスクを着用し、密集《みっしゅう》することなく、バス内、食事中は静かに過《す》ごすようにしよう。

Aさん　ところで、Bさんは、学校に何時くらいに行くつもりかな。確《たし》か学校は、八時には入れたよね。

Bさん　学校集合が八時三十分だったから、遅《おそ》くても十分前には到着するように家を出るよ。

Aさん　そうだね。わたしも同じくらいの時間には、学校に到着できるようにするね。

Bさん　うん。明日が待ちどおしいな。わたしは、オリエンテーリングがとても楽しみなんだ。

Aさん　オリエンテーリングはとても楽しみだけど、時間までに集合場所にたどり着けるか心配だな。でも、班員で協力して、時間までにゴールできるように頑張《がんば》ろう。ところで、お昼を食べる時間はどれくらいかな。

Bさん　心配しなくて大丈夫《だいじょうぶ》だよ。お昼の時間は一時間あるから、充《じゅう》分《ぶん》に食べる時間があるよ。

Aさん　そうか。解散になるのは、何時くらいになるのかな。

Bさん　Aさん、行程表を確認《かくにん》してみようよ。少しの時間のズレはあ

ナビ 2

【資料】後半は、遠足の「注意事項」が、箇条書《かじょうが》きで書かれています。

【会話文】は、Aさんと Bさんの二人による、秋の遠足についての会話です。

AさんとBさんは、【資料】の「行程表」内の情《じょう》報《ほう》をふまえて話をしていると考えられます。

AさんとBさんの二人のそれぞれの発言と、資料である「行程表」とを照らし合わせて、どの時間、どの場所での出来事について発言しているのかを、一つひとつ確認して読み進めましょう。

二人の会話文中にある「学校集合」「お昼(昼食)」「解散」などの、【資料】でも見られる**キーワードを○で囲《かこ》む**ことも、読みちがいをなくす効果的《こうかてき》な工夫《くふう》になります。

Bさん　学校集合が八時三十分だったから、…

キーワードと会話の流れに注意して、二人の話の内容《ないよう》を正しく読み取りましょう。

るかもしれないけれど、だいたい城西《じょうさい》公園から学校までは一時間かかるはずだよ。
Aさん　もう一度、行程《こうてい》表をしっかり確認《かくにん》してみるね。
Bさん　うん。それでは、また明日ね。

新傾向
問1　**Bさんが学校に集合する時の到着《とうちゃく》予定時刻《じこく》として最も適当《てきとう》なものを次から一つ選び、記号で答えなさい。**

ア　七時五十分
イ　八時二十分
ウ　八時三十分
エ　十一時五十分
オ　十二時五十分

〔　　〕

新傾向
問2　**行程表通り学校に到着し解散《かいさん》したい場合、城西公園を何時に出発すればよいですか。□に入る時刻を漢数字で答えなさい。**

〔　　時〕

解答ナビゲーション

ナビ　問1

まず、会話文中の時刻に関わる部分にしっかり線を引きましょう。

そして、【資料《しりょう》】の行程表の同じ予定の時刻にも印をつけて照らし合わせながら、解《と》き進めましょう。

ちなみに、この問題で問われているのは、秋の遠足のイベントの予定時刻ではなく、「Bさんが学校に集合する時の到着予定時刻」であることにも注意しましょう。

ナビ　問2

問2も、時刻を問われています。

まず、解散時刻を【資料】中から探《さが》しましょう。

そして、出発～城西公園の到着時刻から、学校から城西公園まで移動《いどう》するのにどのくらいの時間がかかるかを考え、そこから帰りの時刻を逆算《ぎゃくさん》してみましょう。

新傾向 **問3** オリエンテーリングを終えたあとの集合場所は、どこですか。

［　　　　　　　］

新傾向 **問4** 昼食の時間は、どれくらいですか。

［　　　　　　　］

ナビ **問3**

問3 で問われているのは、オリエンテーリング後の集合場所です。

【資料】 の中に書かれているオリエンテーリングを終えたあとの予定をチェックしてみましょう。

また、この遠足開始時の「集合場所」とまちがえないようにしましょう。

ナビ **問4**

まず **【資料】** の中から、「昼食」について書かれている場所を探しましょう。

すると、「運動広場集合」のすぐ下に、「※班員《はんいん》全員で担任《たんにん》の先生のチェックを受けその後昼食」とあります。そこから、次の予定までの時間を逆算してみましょう。

また、**【会話文】** の中でも、お昼(昼食)の時間についてふれているので、そこから考えてもかまいません。

ナビゲーションつき練習問題③

次の文章を読み、あとの問いに答えなさい。

（東京・開成中）

1

北海商事株式会社《ほっかいしょうじかぶしきがいしゃ》は、北海道《ほっかいどう》の名産物を、各地に紹介《しょうかい》し、販売《はんばい》する会社です。大手百貨店の安田《やすだ》デパートから、「月末の休日に、新宿支店《しんじゅくしてん》と池袋《いけぶくろ》支店で北海道物産展《ぶっさんてん》を行うので、カニ弁当《べんとう》を仕入れてほしい」と依頼《いらい》されました。

北海商事では、新宿支店の仕入れ販売を大西《おおにし》社員が担当《たんとう》し、新宿支店よりやや規模《きぼ》の小さい池袋支店の仕入れ販売は小池《こいけ》社員が担当することになりました。両支店での販売を終え、翌月《よくげつ》の月例報告会《ほうこくかい》では、販売部長が次のグラフを示《しめ》しながら、両支店での成果を社長に報告しました。

読解ナビゲーション

解答 別冊28ページ

ナビ 1

今回の実用文は、ある会社の販売部長が社長に対して行った報告用の資料《しりょう》（グラフと表）という、少し特殊《とくしゅ》な内容《ないよう》になっています。

実用文をふくむ問題では、実用文が使われている背景《はいけい》や状況《じょうきょう》をおさえる必要もあります。そのためには、重要性《じゅうようせい》が高い情報《じょうほう》と重要性が低い情報をより分けて読み取ることが大切です。

この問題の最初の、状況説明をしている文章に出てくる「北海商事株式会社」「安田デパート」などの固有名詞《めいし》は、実用文が使われている背景をおさえるには、実はそれほど重要ではありません。

いつ・どこで・だれが・何を・なぜ・どのようにしてというポイントにしぼりこんで注目して、実用文の背景を正しく理解《りかい》しましょう。

売れ行き総数《そうすう》の推移《すいい》

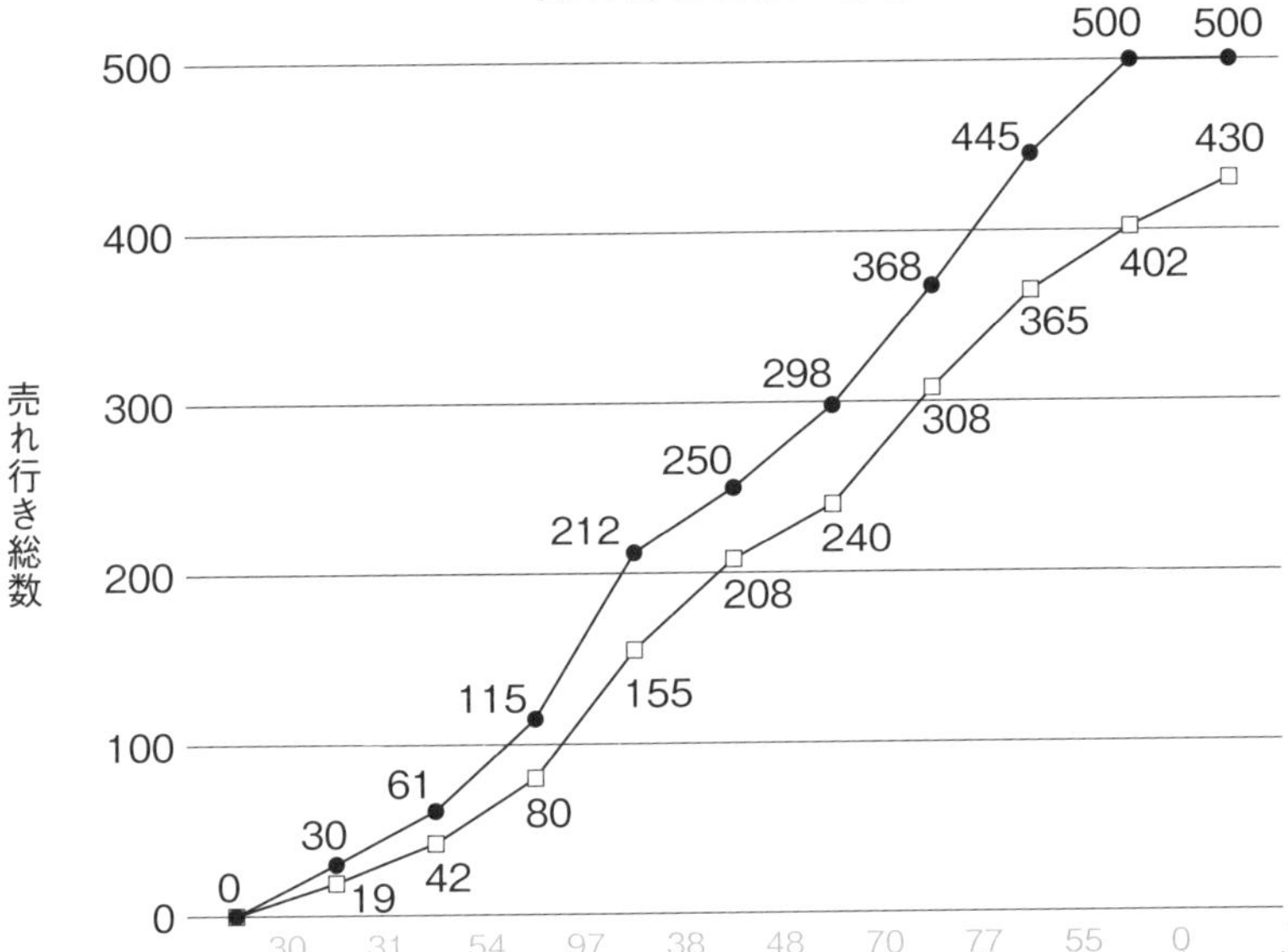

		30	31	54	97	38	48	70	77	55	0
	9時	10時	11時	12時	13時	14時	15時	16時	17時	18時	19時
―●― 大西（新宿支店担当：500個発注）	0	30	61	115	212	250	298	368	445	500	500
―□― 小池（池袋支店担当：450個発注）	0	19	42	80	155	208	240	308	365	402	430
		19	23	38	75	53	32	68	57	37	28

ちなみに、この問題の背景は、

- いつ…**物産展販売を終えた翌月**
- どこで…**月例報告会で**
- だれが…**ある会社の販売部長が**
- 何を…**社長に報告をした**
- なぜ…**新宿支店（大西社員）と池袋支店（小池社員）の販売成果を伝えるために**
- どのようにして…**グラフを示しながら**

とまとめられます。

ナビ❷

この問題で示されている資料は、**大西社員担当の新宿支店・小池社員担当の池袋支店の「売れ行き総数の推移」**を表すグラフと表です。

グラフや表を見るときに着目すべきなのは、変化のようすです。特にこのグラフや表では、「時間帯」ごとの数値の変化に注意しましょう。

④

1「❸大西《おおにし》社員は、販売用《はんばいよう》に500個《こ》のカニ弁当《べんとう》を発注し、❸小池《こいけ》社員は、450個のカニ弁当を発注しました。最終的に、新宿支店《しんじゅくしてん》では、見事にカニ弁当は完売となりました。池袋《いけぶくろ》支店では、20個の売れ残りが生じてしまいました。グラフは、九時の開店から十九時閉店《へいてん》までの、カニ弁当の売れ行き総数《そうすう》を示《しめ》したものです。二人の社員の評価《ひょうか》について、社長はいかがお考えになりますか」

2 この報告《ほうこく》を聞いて、社長は、
「部長の報告は客観性《きゃくかんせい》に欠ける。君はすでに大西社員を高く評価しようとしているではないか」

と伝えたうえで、

「私《わたし》は、小池社員の方を高く評価する」

と答えました。部長が、

「新宿支店よりやや小さめの池袋支店でも、小池社員が、高い成果を上げたということがポイントでしょうか」

と尋《たず》ねたところ、社長は、

「支店規模《きぼ》の問題ではない」

と告《つ》げ、自分の考えを示しました。

ナビ ❸

この1・2段落《だんらく》の対話は、
● 新宿支店の担当者《たんとうしゃ》である大西社員
● 池袋支店の担当者である小池社員
の販売成果が、話題の中心になっています。
2人の成果を**対比《たいひ》**させて、読み進めましょう。

ナビ ❹

1段落は、資料《しりょう》に基《もと》づいた、販売部長の社長に対する報告内容《ないよう》です。

また、1・2段落全体では、部長の報告と社長の意見も**対比**されていることをおさえましょう。

実用文の問題では、そこに記載《きさい》された数値《すうち》や事実を読み取るだけではなく、それに対する客観的・実際的《さいてき》な視点《してん》からの判断《はんだん》を求められることがあります。

資料から読み取れた情報《じょうほう》をもとに、部長が新宿支店の大西社員のどこを**評価した**のか、社長は池袋支店の小池社員のどこを**評価した**のか、逆《ぎゃく》に新宿支店の大西社員のどこを**評価しなかった**のかを考えながら読みましょう。

問1 社長は、部長の報告のどの表現《ひょうげん》に、客観性に欠けたものを感じたのでしょうか。二つ探《さが》し、なるべく短い字数で書きぬきなさい。

[　　　　] [　　　　]

新傾向

問2 大西社員より小池社員の方を高く評価する社長の考えとは、どのようなものだと考えられるでしょうか。「たしかに」「しかし」「一方」「したがって」の四つのことばを、この順に、文の先頭に使って、四文で説明しなさい。

たしかに	
しかし	
一方	
したがって	

解答ナビゲーション

ナビ 問1

社長が「客観性に欠ける」と指摘《してき》したのは、部長が**自分の意見や感想**を報告に反映《はんえい》しているからです。

社長の発言から、ここでの部長の意見や感想は**「大西社員を高く評価しようとしている」**と考えられます。

部長の発言の中から、**大西社員を高く評価していて、小池社員を評価していない**ことが感じ取れる表現を探しましょう。

ナビ 問2

グラフを読むときには「変化」に着目することが大切です。同時に、**変化していないところも一つの「変化」**だと言えます。

この問題では、グラフが変化していない「時間帯」にも注意して、デパートの物産展《ぶっさんてん》販売という状《じょう》況《きょう》で、**その時間帯の売れ行き総数に変化がないことが何を意味するか**を、社長の発言と照らし合わせて考えるとよいでしょう。

入試問題にチャレンジ

制限時間 30分

解答 別冊30ページ

次の文章は、企業《きぎょう》などの組織《そしき》における「インクルージョン（組織内の誰《だれ》もが仕事に参画でき、平等に機会が与《あた》えられている状態《じょうたい》のこと）」について考察したものです。これを読んであとの問いに答えなさい（設問《せつもん》の都合上、省略《しょうりゃく》や一部表記を改めた箇所《かしょ》があります）。

（東京・渋谷教育学園渋谷中・改）

1 インクルージョンを実現《じつげん》するために、決定的に必要な要素があります。それは「心理的安全性《あんぜんせい》」です。心理的安全性は、英語ではPsychological Safetyといいますが、文字通りに解釈《かいしゃく》すれば「一人ひとりが安心して発言・行動できる」ことを意味します。心理的安全性が欠けると、自分が言ったりやったりしたことによって罰《ばっ》せられる恐怖《きょうふ》がつきまといます。心理的安全性はもちろん個々《ここ》人《じん》の*ウェルビーイングにとっても大事ですが、組織が*イノベーションを生み、変化に柔軟《じゅうなん》に対応《たいおう》し、進化し続けるためにも必須《ひっす》要素《ようそ》となります。（中略《ちゅうりゃく》）

2 心理的安全性を阻害《そがい》する最も大きな要因《よういん》の一つとして、アンコンシャス・バイアスが挙げられます。アンコンシャス・バイアスは、「無意識《むいしき》の偏見《へんけん》」「無意識の思い込《こ》み」などと訳《やく》されますが、自分ではまったく自覚しておらず、そんなつもりもないのに、実《じっ》際《さい》にはえこひいきをしたり、差別につながるような歪《ゆが》んだ見方をしたりすることを指します。年齢《ねんれい》・性別・身体的特徴《しんたいてきとくちょう》・宗教《しゅうきょう》・人種など、あらゆる「自分たちとは違《ちが》う」グループに対して持つ、不公平な偏見である場合が多いといわれています。

3 現代《げんだい》社会では、明確《めいかく》な差別については様々な方法でそれらを禁《きん》止《し》したり、取り除《のぞ》いたりする策《さく》が存在《そんざい》しますが、残念なことに、差別に反対する平等主義《しゅぎ》の人でさえ、無意識の偏見に基《もと》づいた判《はん》断《だん》をしてしまうことがあります。バイアスとは「偏《かたよ》り」のことを指しますが、人の無意識の選択《せんたく》や行動の中に、事実に基づかない偏り――偏見や思い込み――が存在し、私《わたし》たちの暮《く》らしや人間関係にいつの間にか影響《えいきょう》を与えているのです。

4 人は行動の90%以上を無意識で行っているといわれています。自転車に乗るとき「今、右足でこいだから、次は左足」といったふうに考えながら乗る人はいないでしょう。ご飯を食べるときも、無意識に箸《はし》が動いているという場合が多いのではないでしょうか。そうすると、人は無意識に、また無自覚にいろんなことを選択していることになります。

5 たとえば電車に乗ったときに、いくつか座《すわ》る場所が空いていたとしたら、瞬間的《しゅんかんてき》に座る場所を選んでいませんか。筆者の場合は自分と同性の、かつ同じくらいの年齢の人の隣《となり》に座ることが多いです。これを「親近感バイアス」といいます。私たちは自分と属《ぞく》性《せい》や経歴《けいれき》、興味《きょうみ》や経験《けいけん》などが似《に》た人に安心感を覚える傾向《けいこう》があり、無意識にそのような人の近くを選んでしまうのです。

6 また、災害時《さいがいじ》など、普段《ふだん》は起きるはずのないことが起きたとき、「まさかこんなことが起きるわけがない」「自分だけは大丈夫《だいじょうぶ》」といった思い込みに基づき行動する人が多いといわれています。これは「正常性《せいじょうせい》バイアス」と呼《よ》ばれ、人が予期しない事態《じたい》に直面したとき、「ありえない」という思い込みから、起きていることが正常な範囲《はんい》内だと自動的に考えてしまう心の働きを指します。このバイアスによって、災害時に正しい状況把握《じょうきょうはあく》や身を守るための行動が取れず、避難《ひなん》行動が遅《おく》れてしまうといった事態がよく起きるのです。

7 このように、人は無意識のうちに偏見に基づいた行動をとってしまう、というのがアンコンシャス・バイアスの困《こま》ったところなのですが、これがどのようにインクルージョンの実現を阻《はば》むかということをご説明したいと思います。

8 たとえば仕事で新しいプロジェクトの担当者《たんとうしゃ》や自分の後任《こうにん》、あるいは、会議の参加者などを選ぶ際はどうでしょう。親近感バイアスの影響を受け、無意識に自分と似た経歴の人、自分の属性に近い人を選びがちです。また、そのような人がいたら、今度は自分の見解や期待を裏《うら》づける情報を無意識に探《さが》す「確証《かくしょう》バイアス」が働き、自分の選択を裏づけるために、その人のよいところばかりを探し、反対意見や反証する情報を無視《むし》したり集めようとしなくなったりします。

9 有名大卒、有名企業出身、というブランドに圧倒《あっとう》されて、優秀《ゆうしゅう》な人材と思い込む「ハロー効果《こうか》」というバイアスもあります。「〇〇大学出身だから優秀に違いない」といったような決めつけです。逆《ぎゃく》を「ホーン効果」といいます。たとえば、有名校ではない学校の出身者を過少評価《かしょうひょうか》するなどし、その人が持つ※ポテンシャルを真っ直《す》ぐに見る目を曇《くも》らせてしまう、というやっかいなバイアスです。

10 こういったアンコンシャス・バイアスが、様々な人の機会を奪《うば》っているケースが非常《ひじょう》に多くあります。そしてそれらが折り重なって、今の社会に存在する格差《かくさ》や階層《かいそう》がどんどん再生産《さいせいさん》されていくという状況をつくり出している、といえるでしょう。

11 ところでアンコンシャス・バイアスについて調べると、その例として以下のようなものをよく目にします。

・女性は細やかな心遣《こころづか》いができる
・女性は管理職《かんりしょく》を望んでいない
・短時間勤務《きんむ》の社員は仕事より家庭が大事
・女性は生まれつき、数学の能力《のうりょく》が男性より低い
・男性は家事が下手
・シニアはパソコンが苦手

12 これらは無意識の領域《りょういき》に存在する偏見でしょうか。いえいえ、私たちが生活する社会に明示的《めいじてき》に存在する価値観《かちかん》です。「固定観

念」や「*ステレオタイプ」といってもよいでしょう。そのほか、「思い込《こ》み」「先入観」「レッテル」なども無意識《むいしき》の領域《りょういき》に存在《そんざい》するかもしれませんが、同時に非常《ひじょう》に意識的に行っている場合がたくさんあります。たとえば「女性《じょせい》のほうが細やかな心遣《こころづか》いができるから、お客様対応《たいおう》を担当《たんとう》してもらおう」という上司は多いですが、これは明示的《めいじてき》に、意識的に選んでいます。すなわち、バイアスは、アンコンシャスなものと*コンシャスなものがあり、それらは*潜在《せんざい》意識と顕在《けんざい》意識の両方に存在し、その境界《きょうかい》は意外と曖《あい》昧《まい》であるといえます。そしてこれらの固定観念が「らしさ」に形を変え、他者や自分自身を縛《しば》る鎖《くさり》となり、自由な選択《せんたく》を阻害《そがい》する要因《よういん》となっていることも大変多いのです。

13 「女性は細やかな心遣いができる」という固定観念は、「細やかな心遣いができない女性は女性らしくない」に変わり、「男性は家事が下手」という固定観念は、「男らしい男性は家事などしなくてよい」に変わります。このような固定観念に基《もと》づいて選択、行動していると、現在《げんざい》の枠《わく》から出ることが難《むずか》しくなり、既存《きそん》の役《やく》割《わり》に他者や自分を当てはめてしまうことを無意識に、日々重ねてしまいます。また、これらの固定観念は社会的少数派《しょうすうは》を排除《はいじょ》する方向に働くという特質《とくしつ》を持っており、インクルージョンを阻害する非常に大きな要因となります。（中略《ちゅうりゃく》）

14 「え、これって何がだめなの？」と言われた炎上事例《えんじょうじれい》が、特に企業広告《きぎょうこうこく》においてこれまでにもたくさんありました。その一例として、２０１７年に公開されたユニ・チャームのおむつ「ムーニー」のウェブ動画CMについて取り上げたいと思います。

15 このCMでは、初めての子育てに孤軍奮闘《こぐんふんとう》する一人の母親の姿《すがた》が描《えが》かれています。父親が登場するのは、わずか2シーンで、時間にすれば約4秒。いわゆる「*ワンオペ育児」そのものが描かれ、これまでおむつのCMで描かれてきた幸せいっぱいの子育てから一歩進んだ、「ママのリアル」を描いた広告でした。多くの女性が共感するであろう広告ですが、最後に「その時間が、いつか宝《たから》物《もの》になる。」というコピーを入れてしまったのです。

16 この一言について、まったく何も感じない人もいるでしょう。でも一歩引いて考えてみてください。これはワンオペ育児を賛美《さんび》し、肯定《こうてい》している言葉です。頑張《がんば》れ、いつか報《むく》われるときが来る、と。しかし、そもそもワンオペ育児は肯定されるべき現象《げんしょう》でしょうか。産後女性の死亡《しぼう》原因の一位は自殺《じさつ》です。女性だけが家事、育児を担当しなければならない、という価値観《かちかん》は「ジェンダーバイアス」です。

17 この価値観に疑《うたが》いを持たず、問いを立てることをせずに、あのコピーを採用《さいよう》してしまった制作《せいさく》チームの中には、「お父さんはどこで何をしているの？」と疑義《ぎぎ》を唱える人がいなかったのでしょうか。そのような問いを立てる人がチームにいたら、あるいはそういうことを発言できる心理的安全性が確保《かくほ》されていたら、あのような広告にはならなかったかもしれません。

18 アンコンシャス・バイアス自体、無意識の認知《にんち》活動であるため、完全に排除することはほぼ不可能《ふかのう》です。前述《ぜんじゅつ》したとおり、人は行動の90%を無意識に行っているといわれていますから、無理もありません。しかし、アンコンシャス・バイアスが原因で構造的《こうぞうてき》な差別が起きている場合、積極的にアンコンシャス・バイアスが入る可能性を排除することが必要です。その場合に有効《ゆうこう》なのが、デザインの介入《かいにゅう》です。つまり、構造的にアンコンシャス・バイアスが入り込《こ》む余地《よち》をできるだけなくすための仕組みを用意するのです。（中略）

19 次に、個人《こじん》レベルで自分が持っている様々な思い込みを問い直し続けることが重要です。つまり、今持っている様々な思い込みを一つひとつ検証《けんしょう》しようとする姿勢《しせい》を持ち続けることです。「今考えていることは、根拠《こんきょ》がある事実だろうか」「今言おうとしていることは、言われた相手を傷《きず》つけないだろうか」「今自分が下そうとしている決断《けつだん》に、偏見《へんけん》は含《ふく》まれていないだろうか」といったような具合に、自問自答する姿勢が大切です。

20 そして、誰《だれ》かが、特に上に立つ人が間違《まちが》った思い込みに基づいた言動を取っていると気づいたときに、それを誰かが指摘《してき》できるような雰囲気《ふんいき》を積極的につくっていくことも必要です。ここでは前述した心理的安全性の確保という点を思い出してください。「これを言ったら罰《ばっ》せられるかもしれない」と思ってしまう環境《かんきょう》ではなく、「言ってくれてありがとう」と言ってもらえる職場《しょくば》をつくりたいですね。そのために、いろいろな階層《かいそう》の人が安心して発言できるように気を配ったり、ピアボーナス制度《せいど》を導入《どうにゅう》したりと、心理的安全性を確保していく方法はいくらでもあります。

（吉村美紀《よしむらみき》「個を尊重《そんちょう》し活《い》かすインクルーシブ社会の実現」〈『ＳＤＧｓ思考　社会共創編《きょうそうへん》』所収《しょしゅう》〉より）

〈語注〉

＊**ウェルビーイング**　肉体的、精神的《せいしん》、社会的にすべてが満たされた状態《じょうたい》。健康で幸福な生活を送ることができていること。

＊**イノベーション**　革新《かくしん》。新たな考え方や技術《ぎじゅつ》を取り入れて新たな価値《かち》を生み出し、変革《へんかく》をもたらすこと。

＊**ポテンシャル**　表面にあらわれてはいないが内部に秘《ひ》められている、可能性としての力。

＊**ステレオタイプ**　行動や考え方が型《かた》にはまっていること。

＊**コンシャス**　意識的であること。気づいていること。「アンコンシャス」の反対の意味。

＊**潜在意識と顕在意識**　「潜在意識」は、活動はしているが自覚されない意識のこと。それに対して「顕在意識」は、はっきりと自覚している意識のこと。

＊**ワンオペ**　「ワンオペレーション」の略。一人ですべての仕事をこなす状況。

問　――線「ピアボーナス制度」とありますが、これについて気になったSさんは、インターネット上で【記事】を見つけ、その一部を抜粋《ばっすい》し、授業《じゅぎょう》で発表しました。その後交わされた【会話】の Ⅰ ～ Ⅲ について、あとの問いに答えなさい。

【記事】

ピアボーナスは、会社から従業員《じゅうぎょういん》に報酬《ほうしゅう》を贈《おく》るのではなく従業員同士《どうし》で報酬を贈り合える仕組みです。報酬といってもお金をやり取りするのではなく、アプリやシステム上で、感《かん》謝《しゃ》や評価《ひょうか》のメッセージを添《そ》えてポイントを送り合います。貯《た》まったポイント(ボーナス)は、会社の用意した商品・特典と交換《こうかん》できたり、インセンティブ制度《せいど》として毎月の給与《きゅうよ》とは別に支払《しはら》われます。

働き方改革《かいかく》の推進《すいしん》により、従業員を取り巻《ま》く環境《かんきょう》や、従業員の持つ価値観《かちかん》は日々変化しています。そして変わりゆく環境に適応《てきおう》し、人材の定着・離職《りしょく》の防止《ぼうし》を実現《じつげん》するために、企《き》業《ぎょう》には組織文化《そしきぶんか》の醸成《じょうせい》が求められています。このような状況《じょうきょう》の中、企業が直面している組織改革や人材定着に効果《こうか》がある施策《しさく》としてピアボーナスが注目を集めています。

Googleは強いチームを作るために、ピアボーナスを導入《どうにゅう》しました。チームを強くするために重要なことは「心理的安全《あんぜん》性《せい》が高いこと」であると、Googleのピープルアナリティクスチームが「Project Aristotle」と名付けられたプロジェクト内で結論《けつろん》づけています。その「心理的安全性が高い状態《じょうたい》を作り出すために、Googleでは従業員同士がピアボーナスで承認《しょうにん》しあっています。Googleのピアボーナスは1６０００円ほどの現金《げんきん》です。またピアボーナスの運用ルールも明確《めいかく》に決まっています。

Googleのピアボーナスのルール例

・自分の直属《ちょくぞく》の上司に対してピアボーナスを送ることはできない。

・上司は自分の部下にピアボーナスを送ることはできない。

・ある人にピアボーナスを送った場合、同じ人には6ヶ月間送れない。

・ピアボーナスをもらった人に対しては、6ヶ月間ピアボーナスは送れない。

(株式会社スタメンのHP記事「ピアボーナス制度とは? 4つのメリット・2つのデメリット、企業の導入事例、ツールをご紹介《しょうかい》」による)

ピアボーナス®はUnipos株式会社の登録商標です。

【会話】

Mさん　なるほど、ピアボーナス制度を導入すると、組織のメンバーは自分の言動によって［Ⅰ］かもしれないと考えてびくびくすることが減《へ》りそうだね。それよりも、思い切って提案《ていあん》や批判《ひはん》をしたことで、上司や同僚《どうりょう》、部下たちから［Ⅱ］が届《とど》くかもしれないわけだから、安心して自分らしく、組織への貢献《こうけん》につながる振《ふ》る舞《ま》いができるようになりそうだね。

Sさん　うん。それにGoogle社による実際《じっさい》の運用例も興味深《きょうみぶか》いよ。［Ⅲ］。

Mさん　本当だ。これならピアボーナス制度を意識《いしき》しすぎるあまりかえって身動きがとれなくなってしまう、なんてこともなさそうだね。

(1) Ⅰ にあてはまることばを、文章の1～5段落《だんらく》から五字でぬき出して答えなさい。

(2) Ⅱ にあてはまることばを、【記事】から十一字でぬき出して答えなさい。

(3) Ⅲ にあてはまることばとして最も適当《てきとう》なものを、次から一つ選び、記号で答えなさい。

ア 各自が送れるポイント(ボーナス)は月額《げつがく》16000円と、かなり高額なんだ

イ 心理的安全性を高めるための方策《ほうさく》を考えるプロジェクトを、わざわざ立ち上げたんだ

ウ ポイント(ボーナス)を送れる相手を、自分と同等の役職《やくしょく》にある従業員に限定《げんてい》しているんだ

エ 直接《ちょくせつ》の上下関係にある人には互《たが》いにポイント(ボーナス)を送れないようにしているんだ

オ ポイント(ボーナス)を一度送った人やもらった相手には、二度と送れないようにしているんだ

[　　]

ヒント

● この問題の文章と実用文の【記事】には、あまりなじみのない外来語や、専門的《せんもんてき》で難《むずか》しいことばがたくさん出てきています。このように、実用文は、大人の人や会社向けに作成されているものも多いので、小学生のみなさんの日常《にちじょう》生活では聞かないような、難しいことばや言い回しが出てくる場合もあります。

● ただし、試験に出てくるお知らせや実用文の場合、難しいことばや言い回しが出てきても、**設問《せつもん》の解答《かいとう》を考える上で大切になるものは、たいてい文章内や語注で意味が説明されている**ので、あまりこわがる必要はありません。難しいことばや言い回しが出てきたら、それを○で囲《かこ》んだり、意味に——線を引いたりして、できるだけ読み取りがしやすくなるように工夫《くふう》してみましょう。

● また、
・インクルージョン…みんながのびのび活躍《かつやく》できること
・アンコンシャス・バイアス…無意識《むいしき》の勝手な決めつけ
・ピアボーナス…従業員同士で贈り合うポイント(ボーナス)
など、文章内や語注の意味の説明を参考にして、わかりやすい別の表現《ひょうげん》に置きかえながら読んでみると、実用文全体で伝えようとしている内容《ないよう》がつかみやすくなります。

MEMO

著者紹介

海老原成彦（えびはら なるひこ）

桐杏学園、サピックス小学部、中学受験グノーブルなど首都圏の大手進学塾で国語を指導。中学受験国語のプロとして、的確な入試分析と生徒の学力に親身に寄り添う授業で、数多くの受験生を志望校合格へと導く。その後、受験関連の調査コンサルティング会社の研究員として、中学入試問題の分析を担当。現在は教育開発グループ「エデュケーションフロンティア」で教材や指導法の開発にあたるほか、国内外の小学生にオンライン個別指導を行っている。

主な著書に『中学入試 分野別集中レッスンシリーズ』（文英堂）などがある。

□ 編集協力　細谷昌子　相澤尋　谷川誠
□ 本文デザイン　武田紗和（フレーズ）

シグマベスト
中学入試　新傾向集中レッスン
国語　資料の問題
[図・イラスト・表・グラフ・実用文・お知らせ]

編　者　文英堂編集部
発行者　益井英郎
印刷所　中村印刷株式会社
発行所　株式会社文英堂
〒601-8121　京都市南区上鳥羽大物町28
〒162-0832　東京都新宿区岩戸町17
（代表）03-3269-4231

●落丁・乱丁はおとりかえします。

Σ BEST シグマベスト

中学入試

新傾向 集中レッスン

国語 資料の問題

図・イラスト

表・グラフ

実用文・お知らせ

解答集

文英堂

1 図・イラストの問題

問題 ▶ 本冊6ページ

例題

問1 ア
問2 Ⅰ 緑　Ⅱ 種子　Ⅲ 食べて

解説

問1 文章では、**西洋**の「人間は**自然を支配《しはい》するもの**」という考え方と、**東洋(日本)**の「人間は**自然の中で生きているもの**」という考え方が述《の》べられています。

よって、上部の「人間」が下の「自然」に**矢印を向けて支配していることを表している西洋の図**、「人間」が「自然」の**枠《わく》の中に入っている東洋(日本)の図**の組み合わせになっている、**ア**が合います。

問2 [Ⅰ]は、「鳥が見つけにくい色」で、「食べないでほしい」ことを表す果実のサインを示《しめ》す**「緑」**があてはまります。

[Ⅱ]は、果実は「種子が熟《じゅく》して」くると色を変える、とあるので、**「種子」**があてはまります。[Ⅲ]は、「赤色」は、鳥に「食べてほしい」ことを示す果実のサインなので、**「食べて」**があてはまります。

ナビゲーションつき練習問題❶

問題 ▶ 本冊8ページ

問 オ

解説

新傾向

問 まず、Ⅰ「オーキシンを送る方向」については、[7]〜[8]段《だん》落《らく》に説明されています。この中に、オーキシンとは「緑の葉っぱの葉身でつくられ、離層《りそう》の形成を抑《おさ》える」物質《ぶっしつ》であり、葉身がオーキシンをつくって葉柄《ようへい》に送り続けており、送られてくるオーキシンが、離層の形成を抑えているとあります。つまり、**オーキシンは、「葉身」から「葉柄」に向かって送り続けられている**ものなのです。

[5]段落で、葉身は、葉っぱの緑色の平たく広がった部分、葉柄は、葉身を枝《えだ》や幹《みき》につないでいる柄《え》のような部分だと説明されています。

よって、葉身から葉柄に向かう矢印が書かれている、**B**が正しいとわかります。

ポイントチェック

A
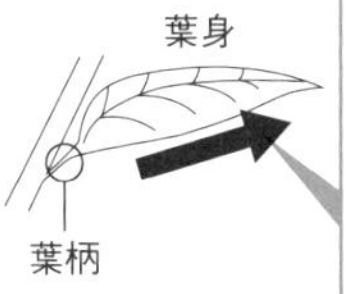

オーキシンの流れている方向が葉柄から葉身になっている…×

B
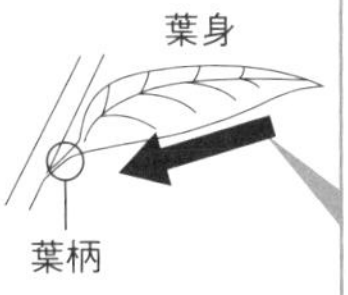

オーキシンの流れている方向が葉身から葉柄になっている…○

さらに、Ⅱ「離層」とは、5段落で「落葉に先だって、枝から切り離《はな》れるための箇所《かしょ》」であり、離層のできる部分は「葉柄のつけ根の付近」だと書かれています。しかし、これだけではb・cのどちらが正しいかは判断《はんだん》できません。

そこで、7段落を見ると、「枝についている緑の葉っぱの葉身を葉柄との接点《せってん》で切り取り、葉柄だけを残します。……葉身を切り取らない場合と比《くら》べてずっと早くに、葉柄はつけ根から落ちます」という部分があります。葉身が葉柄から切り取られている状態《じょうたい》で、枝から葉柄が「つけ根から落ち」るということは、**葉柄と枝が接する点に「離層」ができる**と考えられるので、**b**が正しいとわかります。

ポイントチェック

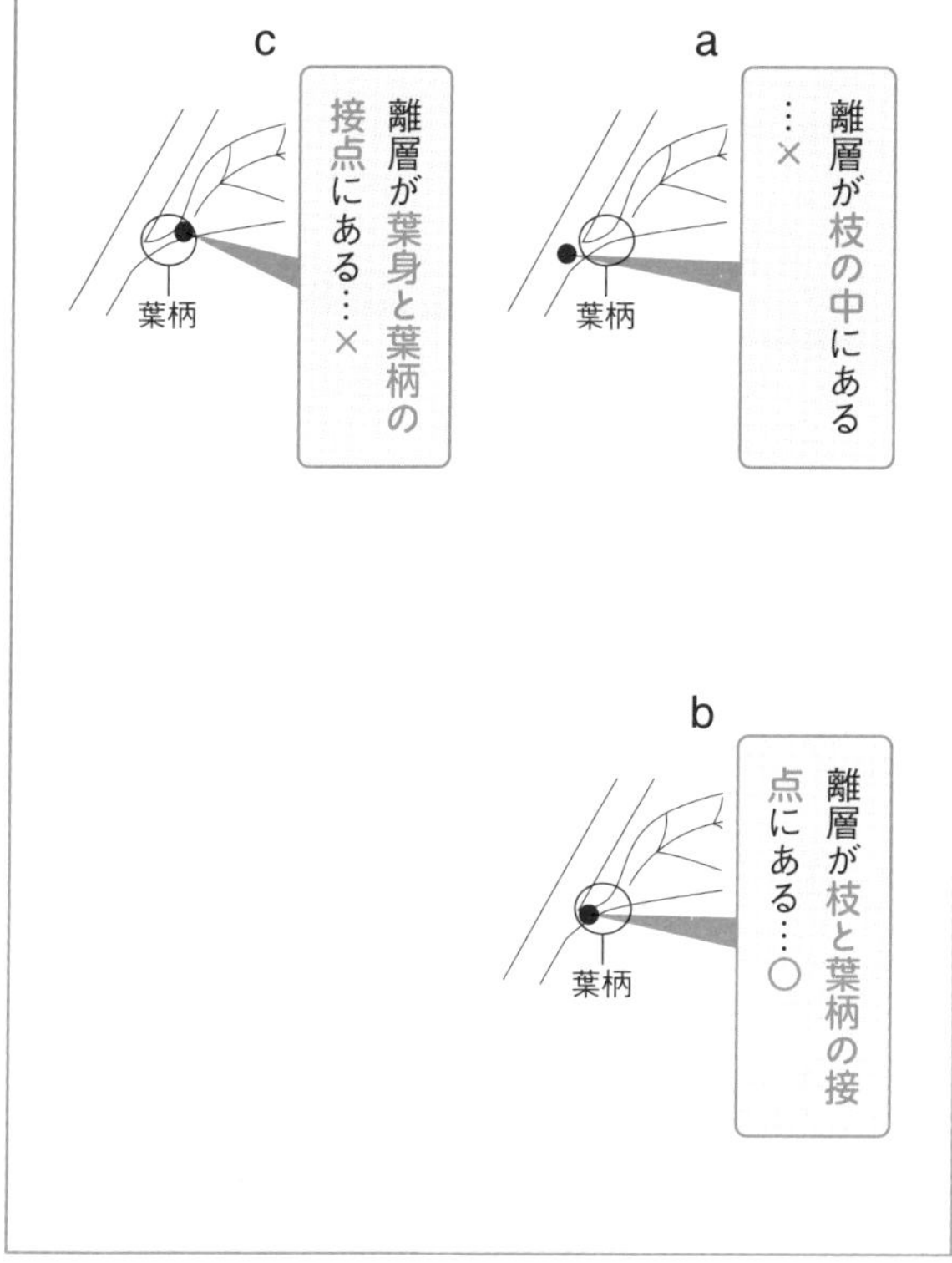

これらをふまえると、**B・b**の組み合わせの、**オ**が正解《せいかい》になります。

アドバイス

説明的文章の中には、理系の専門《せんもん》的用語がたくさん使われているものもあります。このような文章を読む際《さい》には、文章中で一つひとつの言葉の意味を丁寧《ていねい》に確認《かくにん》することが必要です。何についての説明なのかがよくわからないまま、漠然《ばくぜん》と読んでいても、筆者の言おうとしていることはつかめません。**主語と述語を確認しながら、根気よく意味をつかんで読み進めていく**ようにしましょう。

そして、今回の問題では、本文の内容を正しく表現した図を選ぶことが求められていました。このような問題では、図だけを見ても正解を選ぶことはできません。図・イラストの問題は、**本文の内容を正しく理解していることが大前提なのです。**

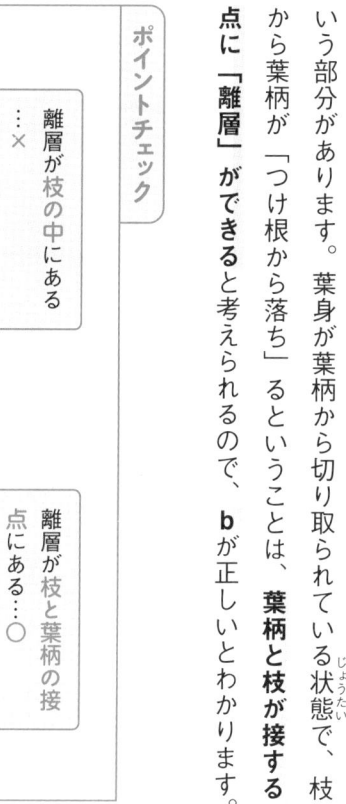

ナビゲーションつき練習問題❷

問題 本冊12ページ

問 イ

解説

この文章では、イチゴの栽培《さいばい》を例に挙げ、**「収入《しゅうにゅう》」「費用《ひよう》」「利益《りえき》」の関係**を説明しています。費用を上回る収入がないと、利益は出ません。そのため、費用総額《そうがく》を超《こ》えて利益を出すためにどれだけの収入がいるのかを考える必要があるのです。

問題では、ア～オの五つのグラフの中から文章の内容《ないよう》に合うものを選ぶことが求められています。**選択肢《せんたくし》で示《しめ》されたグラフの中におかしな点がないかどうか**を確認《かくにん》しながら答えを出していきましょう。

新傾向

問 6～8段落《だんらく》の、グラフの説明を整理してみましょう。

まず、6段落より、縦軸《たてじく》は「費用金額」、横軸は「収入金額」を表しているとわかります。

そして、7・8段落の説明によれば、次のことがわかります。

- **A点**は費用**400円**・収入400円を表していること
- 費用は**固定されている**こと
- **収入は右側に行くほど増《ふ》える**こと
- A点より左側では、**費用に対して収入が小さい**ので、**「損失《そんしつ》」**が出ている状況《じょうきょう》を表していること
- A点より右側では、**費用に対して収入が大きい**ので、**「利益」**が出ている状況を表していること
- **B点**は**800円**以上の収入金額を表していること

さらに、文章の内容にしたがって、**A点**から延《の》ばした線が縦軸の費用金額の線と交わる位置と、**A点**から延ばした線が横軸の収入金額の線と交わる位置に、それぞれ**「400」円**と記入しておくと、わかりやすくなります。

収入は右側に行くほど増えるので、A点が右へ行くほど収入額が減《へ》って利益が下がっている、オは合いません。

また、**B点**は**800円**以上の収入金額を表しているはずなので、B点の収入金額の値《あたい》が、A点と同じ400円となっている、**ア・エ**は不正解《ふせいかい》です。

そして、最後に残ったイ・ウのちがいは、**「損失」**を表す範囲《はんい》（　）がグラフのどの場所にあるかです。

文章では、費用に対して収入が小さいことが、「損失」が出ている状況を表していると説明されているので、**「損失」を表す基準《きじゅん》は、「費用」である**と考えられます。

よって、**「費用金額」の縦軸に接《せっ》する範囲**が損失を表している（　）になっている）、**イ**が正解です。

ポイントチェック

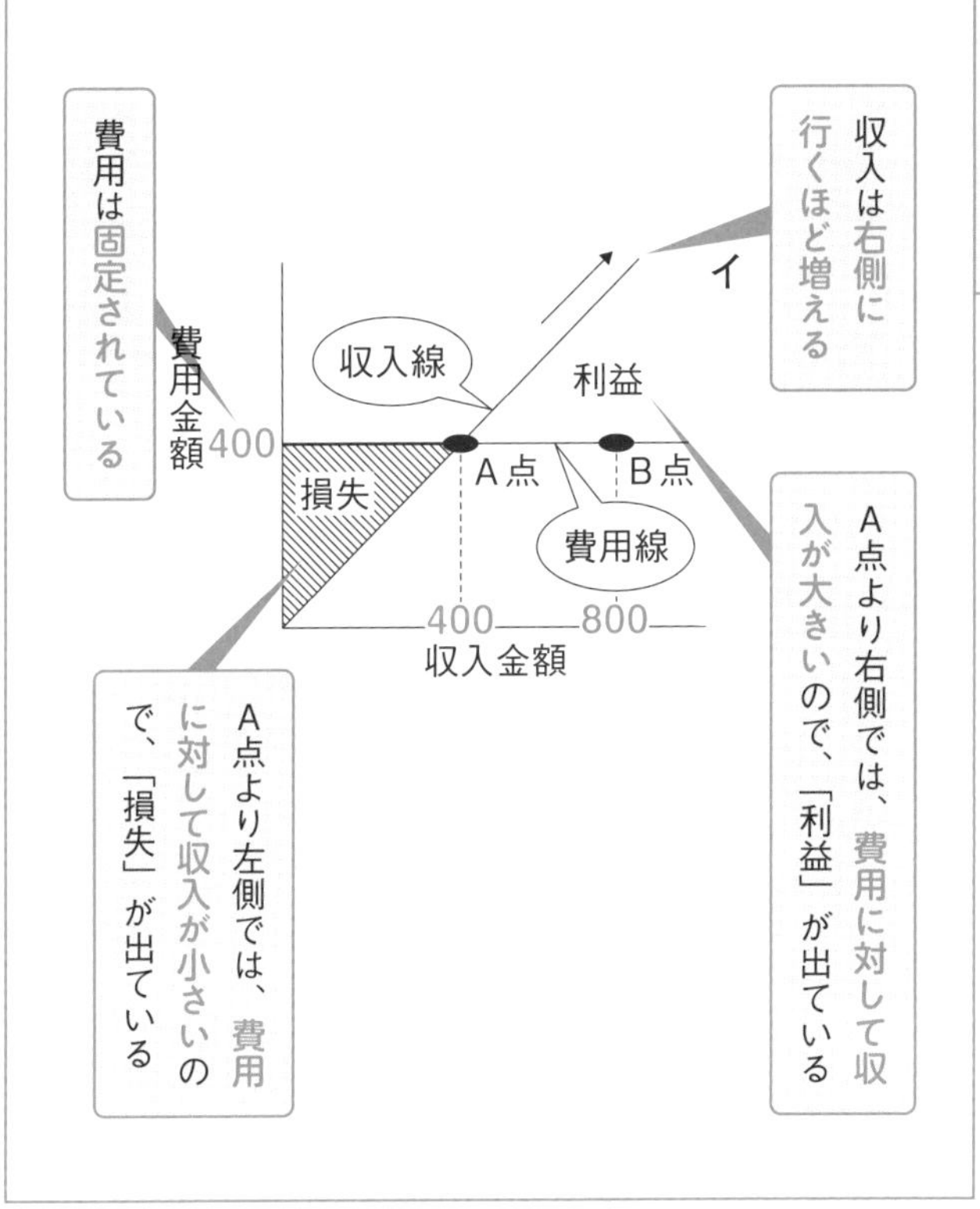

アドバイス

論説《ろんせつ》文や説明文を苦手にしている受験生の多くは、**なじみのない語句《ごく》が多いと「心が文章から離《はな》れてしまう」**状態《じょうたい》になってしまうようです。そういうときは、文章の「流れ」を意識《いしき》して読んでみましょう。たとえば、一つの文をわかりやすく説明するために、次の文で前の文の内容を補足《ほそく》していることがあります。**自分がいま読んでいる文は前の文とどのようにつながっているのか考えながら読む**ことで、筆者が伝えようとしていることをつかみやすくなります。

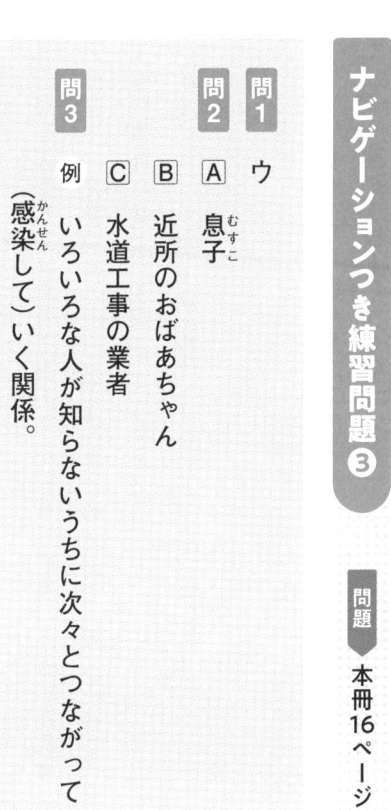

ナビゲーションつき練習問題③

問題 本冊16ページ

問1 ウ

問2 Ａ 息子《むすこ》
Ｂ 近所のおばあちゃん
Ｃ 水道工事の業者

問3 例 いろいろな人が知らないうちに次々とつながって（感染《かんせん》して）いく関係。

解説

英国在住《ざいじゅう》の筆者が、新型《しんがた》コロナウイルスのPCR検査《けんさ》をした際《さい》に思ったことや考えたことが書かれた文章が題材になっています。

また、**文章の内容《ないよう》を図式化した問題**が出題されています。書かれている内容が一つの図として表現《ひょうげん》されているため、自分の頭の中で、文章の内容を再構成《さいこうせい》して、図のどこが何を表しているかを理解《りかい》しなくてはなりません。文章中に登場する人物一人ひとりに印をつけ、図と照らし合わせて確認していくとよいでしょう。

問1 ——線①を問う本問は、④段落《だんらく》の最後にある「自分がコロナに感染《かんせん》していても……恐怖心《きょうふしん》はない」につづく**「それより、とても面倒《めんどう》くさいことになったと思った」という部分における筆者の感じ方を考える問題**です。

アは「だれにも相談できないまま」、イは「仲間外れにされてしまう」が文章の内容《ないよう》に合いません。判断《はんだん》が難《むずか》しいのはウとエです。

ウとエにおける筆者の感じ方を整理すると、ウは**関わりのある人への影響《えいきょう》を一つ一つ考えなければならないことへの負担《ふたん》**です。一方、エは**自分が感染を広めてしまったかもしれないことへの責任《せきにん》の重さ**です。このどちらが本文内容に照らして答えとしてふさわしいか検討していきます。

まず、——線①の「面倒くさい」は、**「解決《かいけつ》や処理《しょり》するのに手間がかかってしまってわずらわしいと感じる」**という意味です。この表現《ひょうげん》から、筆者が、自分の予想とは異《こと》なる事態《じたい》になってしまい、それを収束《しゅうそく》させることが簡単《かんたん》にできず、やっかいなことになったと感じていることがわかります。

また、——線①につづく6段落では、「面倒くささ」のエピソードとして**息子と配偶者《はいぐうしゃ》**への影響が書かれています。さらに、7段落では、「けれども何より気になったのは……」と**筆者が街で接触《せっしょく》した人々**についてのエピソードが書かれています。

そうすると、筆者が「面倒くさいことになった」と考えた対象《たいしょう》は、息子、配偶者、近所のおばあちゃん、工事の業者とその妻《つま》、バスでとなりあわせた妊娠中《にんしんちゅう》の女性、その他多くの人々とそれぞれに関わりのある大勢《おおぜい》の人たちであることがわかります。

しかし、**エ**の選択肢《せんたくし》の対象は、コロナに感染している可能性《かのうせい》があることを知らずに出歩いたことで自分が街で感染を広めてしまったかもしれないと考えられる人たちで、**自分の家族がふくまれません**。

以上の二つの点から考えると、**ウ**がふさわしいと言えます。

新傾向

問2 筆者に発熱や咳《せき》の症状《しょうじょう》が出るまでのできごとを、時間の経《けい》過《か》に沿《そ》って並《なら》べかえると、次のようになります。

● 発熱などの症状が出た
● 筆者が日本に行き、英国に戻《もど》ってきた
● 自宅《じたく》から空港までのバスで**妊娠中《にんしんちゅう》の女性《じょせい》**と同乗した
● **水道工事の業者**が筆者の家に来た
● 筆者が**近所のおばあちゃん**に食料を届《とど》けた
● アジア旅行をした英国人感染者の職場《しょくば》を筆者が訪《たず》ねた

また、これ以外にも「わたし」の家族として、中学に通っている**息子**や**配偶者**と接触していると考えられます。

これらのことをふまえて、A～Cにあてはまる人物を考えます。

まず、Aの先には「中学の教員」がいるので、Aには中学に通う**「息子」**が入ることがわかります。

Cの先には「喘息《ぜんそく》の持病のある妻《つま》」がいるので、Cには喘息の持病のある妻をもつ「水道工事のために家に出入りしていた業者」が入ります。文章中のことばをそのままぬき出すと長いので、**「水道工事の業者」**などとするとよいでしょう。

最後にBですが、Bの先には誰《だれ》も示《しめ》されていません。しかし、ウィルス感染をめぐって「わたし」が思いうかべた人々で、この図の中に登場していない人物は、感染者の職場に行った帰りにジャガイモや牛乳《ぎゅうにゅう》を買って届けた「近所のおばあちゃん」です。よって、Bには**「近所のおばあちゃん」**があてはまるとわかります。

ポイントチェック

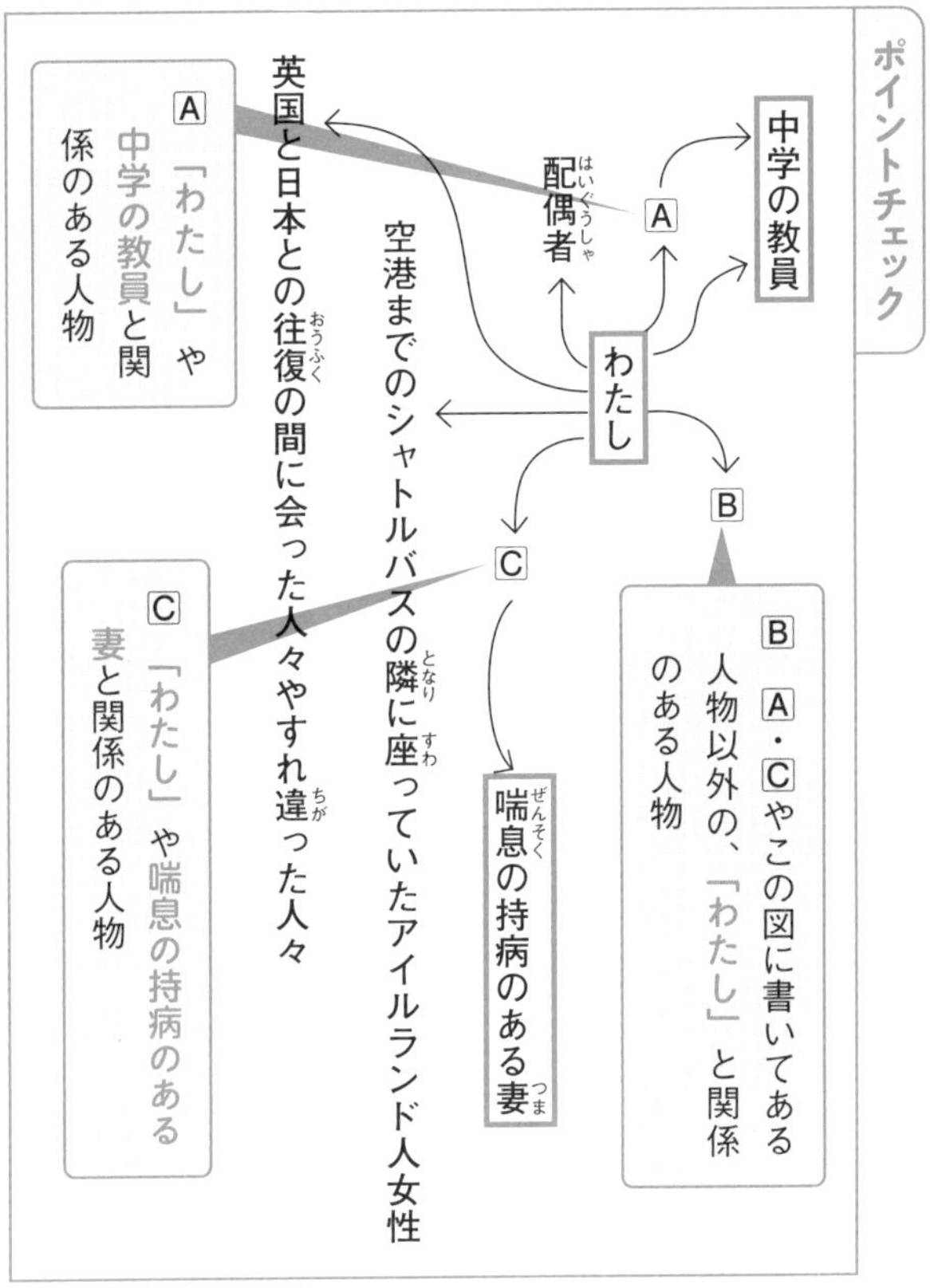

問3 「巨大《きょだい》な蜘蛛《くも》の巣」という比喩表現《ひゆひょうげん》が何を指しているかを問う問題です。

――線③の直後に「背後《はいご》に広がったような」とあるように、「蜘蛛の巣」の特徴《とくちょう》は、**網目状《あみめじょう》の広がったもの**であることです。

本文中で「広がっていく」ものとしてえがかれていたのは、「わたし」を起点とした**人のつながり**です。32～33行目に「その人数はどこまでも増《ふ》えていく」とあることから、「わたし」が、「巨大な蜘蛛の巣」のように感じているものは、いろいろな**人とのつながり**であるとわかります。このつながりは、**「わたし」の知らないうちに、次々と広がっていったもの**なので、これもふまえてまとめましょう。

入試問題にチャレンジ

問題 本冊20ページ

問 (1) i C ii D
(2) ア

解説

本文は、**東京生まれの筆者が変わりゆく東京の街を切ない気持ちで見つめているようす**を、皮肉や大げさな表現《ひょうげん》を用いてユーモラスに描《えが》いています。この皮肉や大げさな表現のように、筆者が自分の主張《しゅちょう》を伝わりやすくするために文章にこらす工夫《くふう》を**レトリック（修《しゅう》辞《じ》法）**といいます。

問題は、複数《ふくすう》の文章と設問《せつもん》に示《しめ》された**地図**を照らし合わせて解《と》く必要があります。文章中に出てくる東京の地名に線を引いたり印をつけたりして、どのような場所として位置づけられているのかを確《かく》認《にん》していくとよいでしょう。

問 この問題は、文章と〈**参考文**〉Ⅰ・Ⅱを読んで考える必要があります。

〈**参考文**〉Ⅰは、近代以降《いこう》の東京の変化の歴史《れきし》について述《の》べています。前半では、**隅田川《すみだがわ》を境《さかい》に、「山の手」と「下町」に二分されたようす**を説明しています。「山の手」には地方から出て来た標《ひょう》準語《じゅんご》を話す指導層《しどうそう》、「下町」には東京方言を話す東京に元から住んでいた人々が住んでいます。後半では、前半で区分けされた「下町」

が、さらに二分されていくようすについて述《の》べています。

〈**参考文**〉Ⅱでは、雑誌《ざっし》の中での**「下町」という言葉の取り上げ方の移《うつ》り変わり**について述べています。「下町」という言葉が、江戸《えど》の風情《ふぜい》を美しく情緒豊《じょうちょゆた》かに現代に残す、古き良き場所を表す新しいイメージとして確立していくようすが説明されています。

(1)　i　〈**参考文**〉Ⅰにあるように、「下町」は本来**「隅田川」**より東を指すものでした。設問の地図の中では、**「隅田川」**は中心を通っている川のことです。しかし、のちにさらに細分化され、**本所《ほんじょ》・深川《ふかがわ》**が新たな「下町」として位置づけられるようになります。

この地図では、**「深川」**がCの近くにあります。よって、**「現在《げんざい》の『下町』」のイメージの中心**とされるエリアは、深川付近の**C**だとわかります。

ii　文章の8段落《だんらく》で、下町で育った筆者は、「地方出身者」が「遠くから大量に、とめどなく……押《お》し寄《よ》せてきて景色を変え、常識《じょうしき》を変え」たことや、「中央区**勝鬨橋《かちどきばし》の向こう側**まで開発された」ことを嘆《なげ》いています。

また、〈**参考文**〉Ⅰに「新中間階級が住む**山の手**」とあることからも、「地方出身者が憧《あこが》れる『東京』としてイメージされ、『下町』と対比《たいひ》されるエリア」は、**「山の手」**であるとわかります。よって、「下町」から見た**「勝関橋」の向こう**に**「山の手」**があると考えられます。

また、「勝関橋」より西側にある**D**の近くには、**「山手線《やまのてせん》」**という電車の路線が通っていることからも、**D**の付近が**「山の手」**と呼《よ》ばれる場所だとわかります。

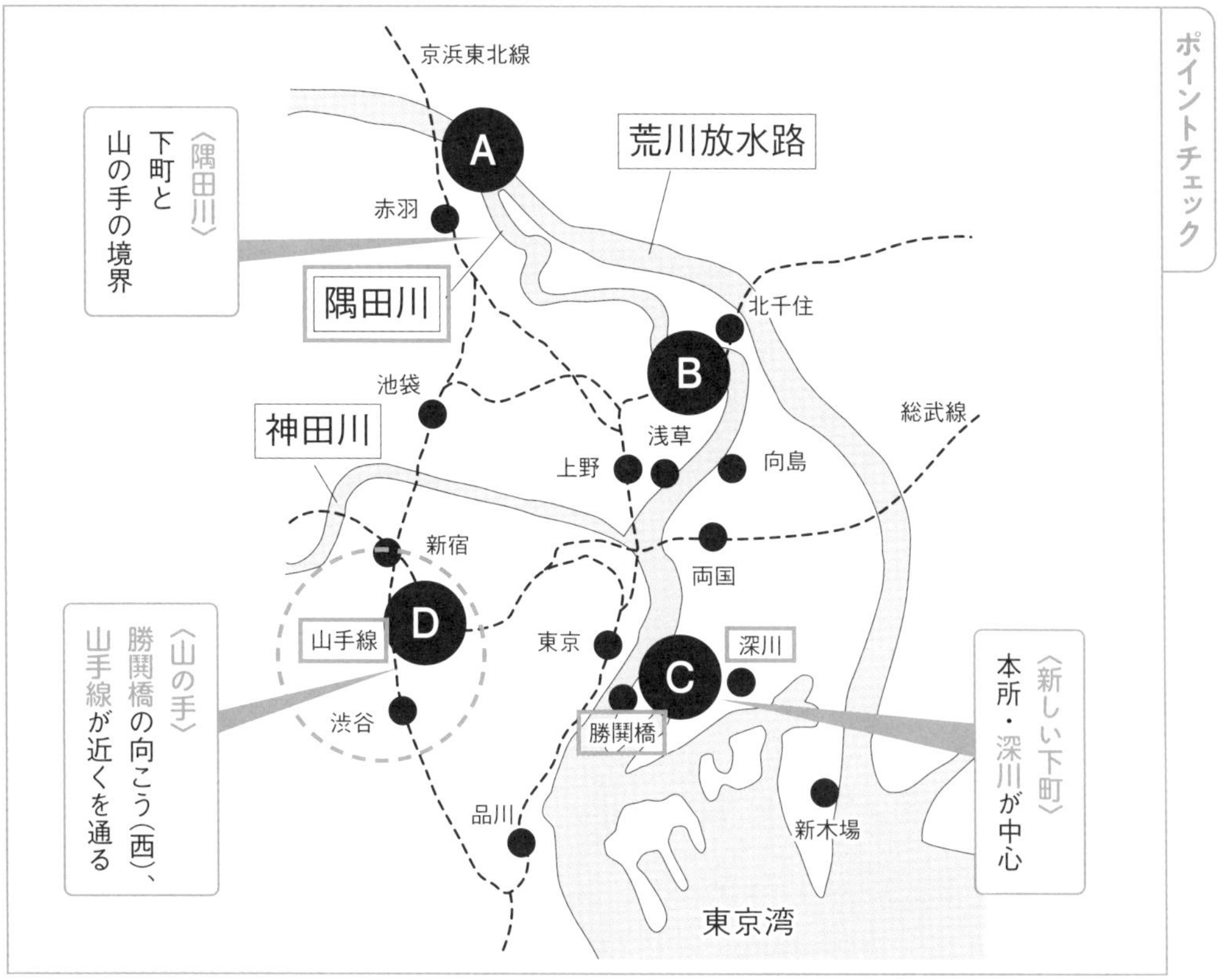

(2)〈参考文〉Ⅰでは、**本所・深川**が「新しい下町」とイメージされるようになったことが説明されていました。また、〈参考文〉Ⅱでは、雑誌『女性《じょせい》セブン』の「**一九七六年**八月一一日号」の記事の中で、下町が**「古き時代が残る町」**として、「のどかな」「しっとりとした」「昔ながらの」といった常套句《じょうとうく》で紹介《しょうかい》されていて、この時点で今日の下町ガイドのスタイルがほぼ確立していたのだということが述べられています。

これらをふまえ、選択肢《せんたくし》を見ていきましょう。

選択肢チェック

ア ○現在の下町のイメージは一九七〇年代半ばになって新しく作りだされたものではあるが、それが定着して拡大《かくだい》するなかで、○隅田川に架《か》かる勝鬨橋のあたりも懐《なつ》かしい東京を想起させる象徴的《しょうちょうてき》な場所としてとらえられるようになったから。

▶〈参考文〉Ⅱにある内容と合います。また、〈参考文〉Ⅰで、「勝鬨橋」のある本所・深川付近は、「新しい下町」になったと述べられています。

イ 地方から出てきて「標準語」を話す指導層によって東京が作られ、隅田川に架かる勝鬨橋のあたりが工業地帯として開発されていく姿《すがた》に、×繁栄《はんえい》を約束された東京の未来を思い描くことのできた時代があったから。

▶〈参考文〉Ⅰの前半の、隅田川周辺が「近代化の犠牲《きせい》にな」ったという内容《ないよう》と合いません。

ウ ×隅田川に架かる勝鬨橋のあたりは江戸時代から続く観光名所であり、その伝統《でんとう》は近代化の影響《えいきょう》を受けることなく引き継《つ》がれ、一九七〇年代に雑誌の特集を通じて、職人《しょくにん》の住む地域《ちいき》としてより多くの人々にイメージが共有されるようになったから。

▶〈参考文〉Ⅰの後半の「工場地帯で労働者階級の住む新しい下町」という内容と合いません。

エ 近代化の犠牲となった地域には勝鬨橋のあたりも含《ふく》まれており、×公害を乗り越《こ》えた逞《たくま》しさが伝統として残っているため、開発の対象となっても変わらない強さを持つ地域だと人々に信じられるようになったから。

▶文章や〈参考文〉Ⅰ・Ⅱには、そのようなことは書かれていません。

よって、正解は**ア**です。

2 表・グラフの問題

問題 本冊24ページ

例題

問1 種類…麦茶
年間販売《はんばい》本数…10750(本)

問2 (1) Ⅰ 八　Ⅲ 二
(2) イ

解説

問1 年間販売本数を棒《ぼう》グラフで表している【資料《しりょう》1】を見ると、最も売れている種類の飲料は、年間**10750本**売れている**麦茶**とわかります。

問2 (1) Ⅰ について、麦茶が2500本以上も売れている「月」は、【資料3】から**八**月とわかります。
また、Ⅲ について、ジュースの年間販売本数の「割合《わりあい》」は、【資料2】から**20・8%**、つまり、約**二**割とわかります。

(2) 【資料3】のホットコーヒーの折れ線グラフ(＊)を見ると、ホットコーヒーは、**十一月から三月の寒い期間は、月に1000本以上売れています。**しかし、**七・八月の暑い期間は、ほとんど売れていません。**よって、ホットコーヒーは、**イ「冬に売れていて、夏は売れていない」**傾向《けいこう》があると言えます。

ナビゲーションつき練習問題1

問題 本冊26ページ

問 例 日本の空家数は四〇年で四倍に増加《ぞうか》していて、家を継《つ》ぐ人が減少《げんしょう》していることがわかる。(40字)

新傾向

解説

問 このグラフでは、**「日本の空家数の推移《すいい》」**についての情報《じょうほう》が示《しめ》されています。

また、1973年は200万戸、2013年には800万戸となっていることから、日本の空家数は、1973年から2013年の**四〇年間にかけて四倍も増《ふ》えている**ことがわかります。

ただし、設問《せつもん》では「空家数の変化に着目し、そこから読み取れることを……」という指示《しじ》があるので、**「空家数の増加」を記述《きじゅつ》の結《けつ》論《ろん》にしてはいけません。なぜ日本の空家数が増加したのか**を考えてみましょう。

「空き家」になる家が増えたのは、もともとあった家に住む人がいなくなったためです。つまり、**家を継ぐ人がいないために、空家の数が増加している**と考えられます。

都市の過密《かみつ》と地方の過疎《かそ》や、核家族化《かくかぞくか》が進行し、そのまま亡《な》くなる高齢者《こうれいしゃ》が増えていることなどから、古い一軒家《いっけんや》に住む人が減《へ》ってきているのです。

ポイントチェック

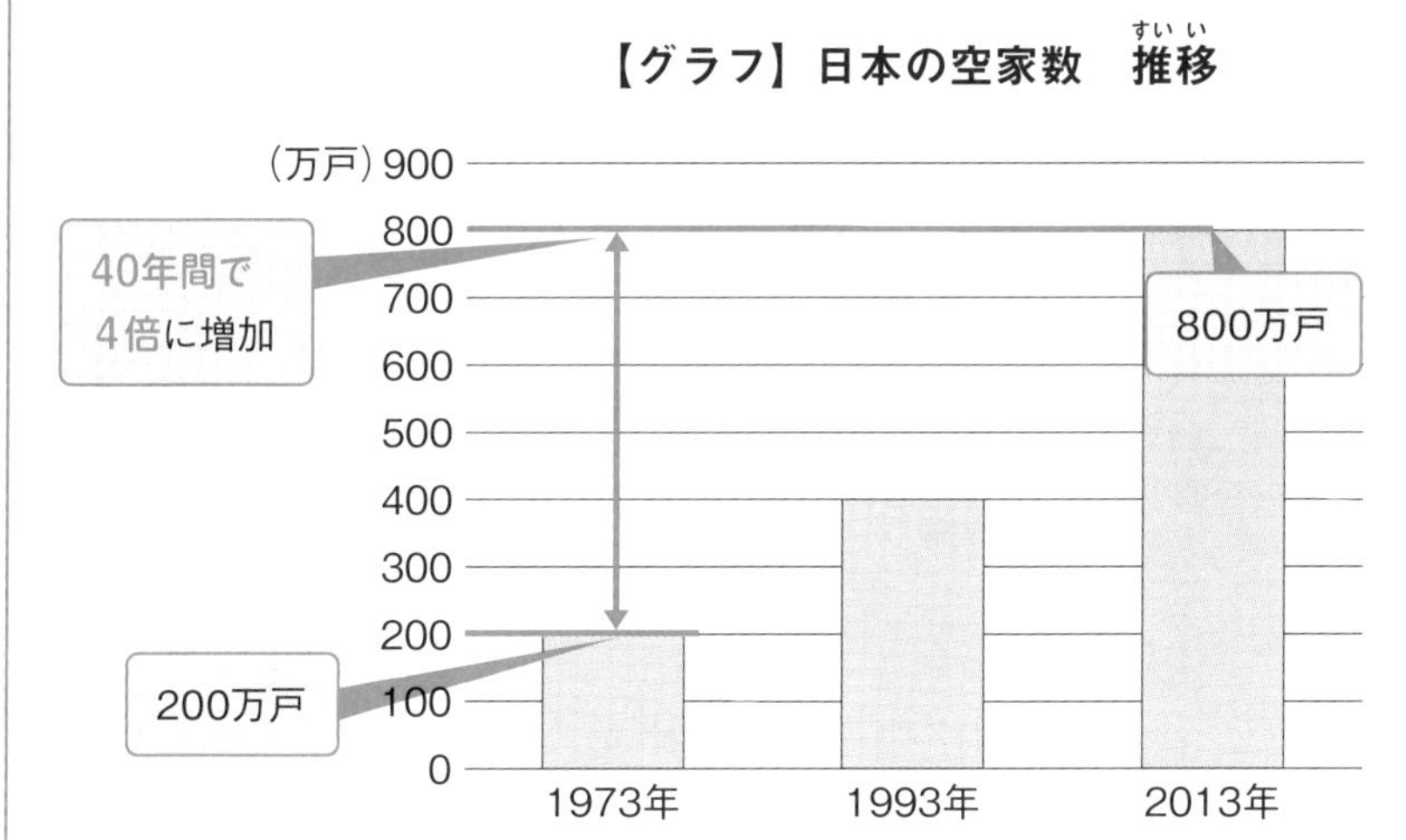

ナビゲーションつき練習問題❷

問題 本冊28ページ

問1

例　特徴的《とくちょう》な媒体《ばいたい》…インターネット

媒体の特徴とそのようになる理由…年齢層《ねんれいそう》が上がるにつれて使用率《しようりつ》が減《へ》っている。高齢《こうれい》になるとデジタル機器に慣《な》れていない人が多くなるからだと考えられる。

例　特徴的な媒体…新聞

媒体の特徴とそのようになる理由…年齢層が下がるほど使用率が減っている。若《わか》い人は幼《おさな》いころからインターネットで情報収集《じょうほうしゅうしゅう》する習慣《しゅうかん》ができているからだと考えられる。

問2

例　よく利用している媒体…インターネット

その利点と欠点…必要な情報をすばやく検索《けんさく》できるのが利点だが、信頼《しんらい》できない情報も多いことが欠点である。

例　よく利用している媒体…地域広報誌《ちいきこうほうし》

その利点と欠点…特定の地域の店やイベントについての情報を細かく知ることができるのが利点だが、その地域以外の情報が得《え》られないことが欠点である。

新傾向

問1　このグラフでは、「ふだん情報収集に最も使っている媒体」についての、年代別の調査《ちょうさ》結果が示《しめ》されています。

設問《せつもん》にある「特徴的な」とは、**極端《きょくたん》にちがいが大きいもの**として考えるとよいでしょう。

このグラフの中で、大きなちがいが見られるのは、**「インターネット」と「新聞」の項目《こうもく》の、年代別の割合《わりあい》**です。

インターネットは、**年齢層が上がるにつれて使用率が減っています**。これは、高齢になるとデジタル機器に慣れていない人が多いなどの理由が考えられます。

逆《ぎゃく》に**新聞**は、**年齢層が下がるほど使用率が減っています**。若い人はインターネットで情報収集する習慣ができているため、新聞を読む人が少ないなどの理由が考えられます。

それぞれに大きな差ができた理由を、自分の身近なできごとなどをもとに考え、わかりやすく説明しましょう。

問2 利点・欠点は、自分の好き嫌《きら》いなどではなく、客観的・一《いっ》般的《ぱんてき》な考え方にもとづいて書くようにしましょう。

また、解答《かいとう》の媒体が思いつかないときは、**グラフの項目の中で数が多いもの**について考えると、解答をまとめやすいです。

ポイントチェック

【グラフ】ふだん情報収集《しゅうしゅう》に最も使っている媒体《ばいたい》／テレビを除《のぞ》く

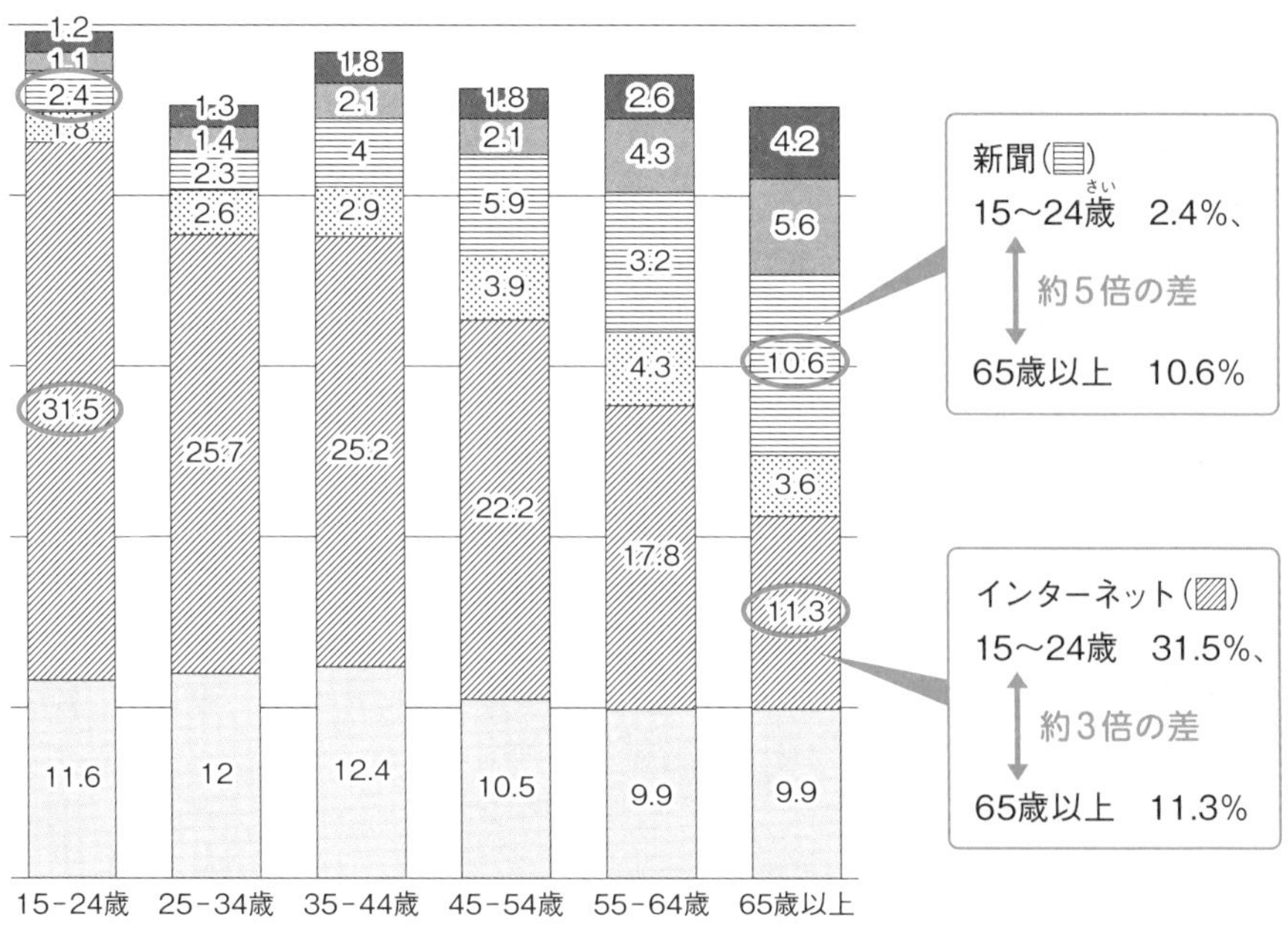

ナビゲーションつき練習問題③

問題 本冊30ページ

問1 例 業績《ぎょうせき》が上昇《じょうしょう》した会社は下降《かこう》した会社より会議の時間は短いが、業務《ぎょうむ》に占《し》める割合《わりあい》が高く効率《こうりつ》がよい。(45字)

例 業績の上昇した会社の会議は短くても業務に占める割合が高いが、下降した会社の会議は長いが割合は低い。(49字)

問2 エ

解説

この文章では、会議の質《しつ》が企業《きぎょう》の業績につながっていることや、欧米《おうべい》の伝統的《でんとうてき》企業・新興《しんこう》企業、日本の企業の会議のようすなどが説明されています。

新傾向

問1 この問題のグラフからは、「業績」が**上昇・横ばい・下降**している会社の、**(会議)1回あたりの平均《へいきん》所要時間**と、**社内業務に占める(会議の)割合**の差などがわかります。

さらに、設問《せつもん》に「会議の実施《じっし》と会社の業績とに相関関係があると仮定《かてい》」する、とあるので、**「会議の時間」**と**「業務に占める割合」**を、**「会社の業績」と結びつけて説明する**必要があります。

さて、グラフの数値《すうち》からは、

● 業績が上昇している会社と横ばいの会社では、上昇している会社の方が、長い時間会議をしている

● 業績が**上昇**している会社と**下降**している会社では、**下降している会社の方が、長い時間会議をしている**

● 業績が**上昇**している会社と**下降**している会社では、**下降している会社の方が、業務全体に占める会議の時間の割合が少ない**

などの情報《じょうほう》が読み取れます。

特に、最後の二つが**「会議の実施と会社の業績」の「相関関係」に関わる情報**といえるので、これらを整理し、指定字数でまとめましょう。会議を効果的にできる会社は業績が上がり、会議をやっても結論《けつろん》が出ずに迷走《めいそう》する会社は業績が下がっていくのです。

問2 文章の内容《ないよう》と、選択肢《せんたくし》の内容を一つずつ照らし合わせて、解答《かいとう》を探《さが》していきましょう。

選択肢チェック

ア 欧米のリーダーシップ型《がた》企業は一度決まったことをすぐに実行に移《うつ》せるが、合意形成を大事にする日本の企業は実行がおそいため今後も×発展《はってん》しないことが予想される。

▶ 3段落《だんらく》後半の内容からは「発展しないことが予想される」とは読み取れません。

イ　合意形成を軸《じく》とした運営形態《うんえいけいたい》は迅速《じんそく》に意思決定できる点でリーダーシップ型より発展性《はってんせい》があるが、そのためには合意形成のためのルール作りが不可欠《ふかけつ》である。
▶意思決定が迅速という特徴《とくちょう》があるのは、「リーダーシップ型」企業です。また、3段落後半にルールとともに「社員の自覚」も必要だとされています。

ウ　欧米の伝統的な大企業はリーダーに明確《めいかく》な責任《せきにん》と権限《けんげん》を与《あた》えることで迅速な意思決定を実現《じつげん》するが、リーダー以外《いがい》の社員は意見を述《の》べることができない。
▶2段落の内容と合いません。

エ　欧米ではリーダーシップを軸とした運営をする伝統的な企業と合意形成を軸とした運営形態をとる新興企業とが存《そん》在《ざい》するが、どちらにも利点と欠点が存在する。
▶2～3段落に両者の利点と欠点がそれぞれ述べられています。

ここから、正解は**エ**だとわかります。

ナビゲーションつき練習問題4

問題 ▶ 本冊34ページ

問　ウ・オ

解説

新傾向

問　**【図1】**～**【図3】**は、男女平等に関する世論調査《せろんちょうさ》の結果をまとめたグラフです。これらのグラフの情報《じょうほう》と、選択肢《せんたくし》の内容《ないよう》を丁寧《ていねい》に照らし合わせましょう。

【図1】によると、(「どちらかというと」の項目《こうもく》をふくめると) 女《じょ》性《せい》だけでなく**男性も「男性の方が優遇《ゆうぐう》されている」と答えている人の割合《わりあい》は半分を超《こ》えているので、ウ**の「『異性《いせい》の方が自分達の性別より優遇されている』と考える人の方が多い」という部分は、まちがえて解釈《かいしゃく》していることになります。

また、**【図2】**のグラフの項目は**全体の回答率《りつ》順**に並《なら》んでいるのに対し、**【図3】**は男女それぞれの回答が二本の棒《ぼう》グラフに示《しめ》されていて、項目が**男女の回答率の差が大きい順**に上から並んでいます。

したがって、**【図2】**と**【図3】**は項目の並び順が異《こと》なるので、**オ**の「男女の差が大きい分野ほど、**【図2】**のグラフでも……割合が多い」の部分は、まちがった解釈だということがわかります。

ポイントチェック

【図２】分野別「男性の方が優遇されている」回答率《りつ》（全体）
（N=3,000）

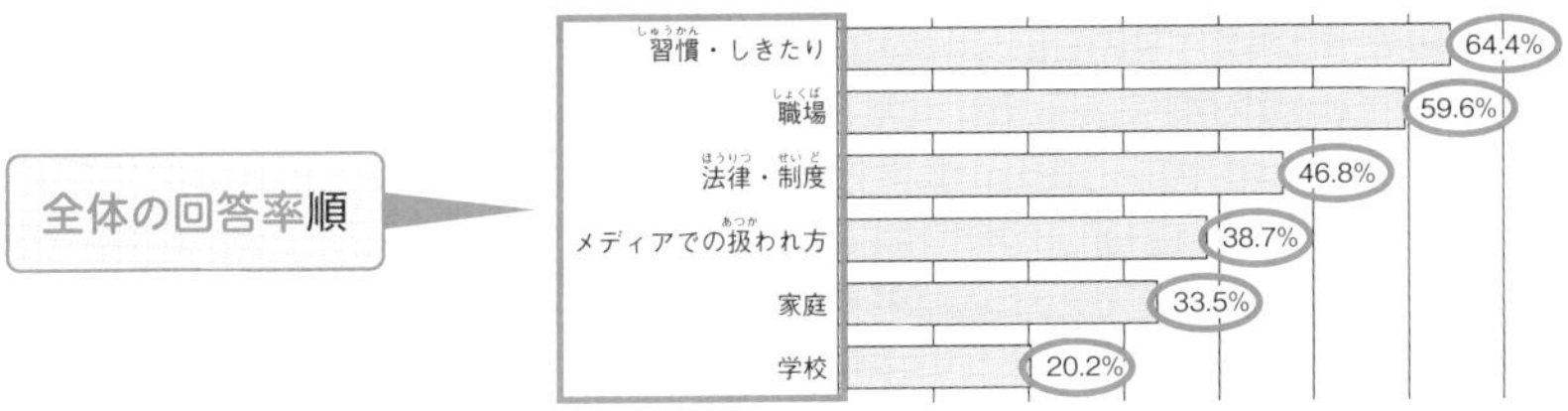

【図３】分野別「男性の方が優遇されている」回答率（性別）

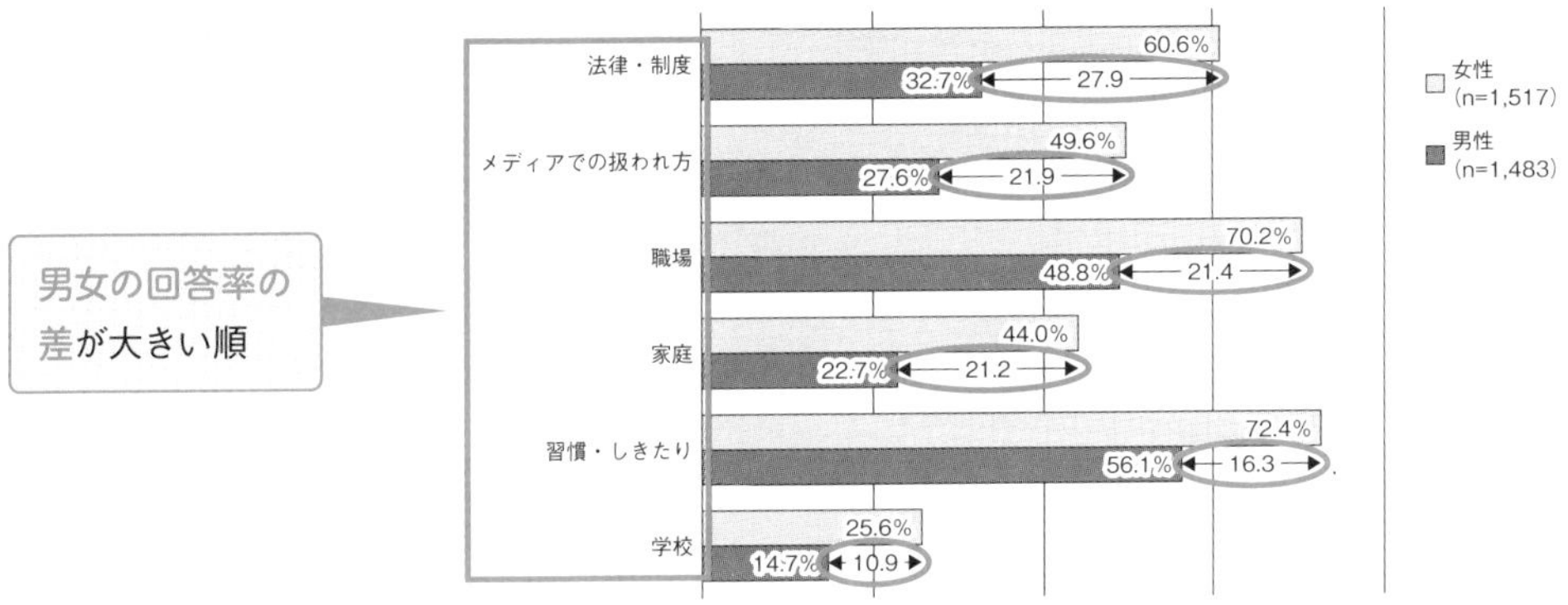

ナビゲーションつき練習問題⑤

問題 本冊38ページ

問1 対して

問2 例 自分で体験できること

問3 Ⅰ 例 外国人旅行者はこれからも増加《ぞうか》し続けると考えられる

Ⅱ 例 国、地域《ちいき》、個人《こじん》、あらゆる規模《きぼ》で対応《たいおう》していく必要がある

新傾向

解説

問1 **【資料《しりょう》２】**の、「日本政府《せいふ》観光局ホームページ」「旅行会社ホームページ」「宿泊施設《しゅくはくしせつ》ホームページ」などは、**「日本政府や企業《きぎょう》のホームページ」**です。これらの項目《こうもく》は、すべて**15%前後の数値《すうち》**があります。「個人のブログ」の30・2%には大きくおよびませんが、**「自国の親族・知人」の18・2%、「日本在住《ざいじゅう》の親族・知人」の15%などとあまり変わらない数値**になっています。

ここから、発表原稿《げんこう》にある「……ほとんど役に立っているとは感じられていません」という部分は、まちがって読み取っているといえます。よって、この内容《ないよう》にふれている文の、はじめの三字である**「対して」**をぬき出しましょう。

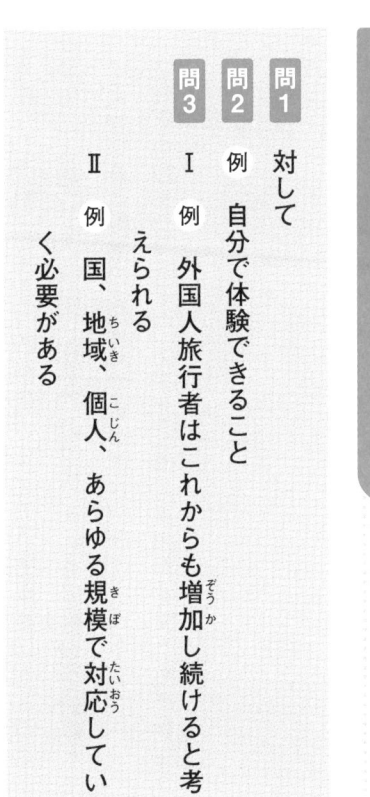

ポイントチェック

【資料２】　出発前に得《え》た旅行情報源《じょうほうげん》で役にたったもの（複数回答《ふくすうかいとう》）

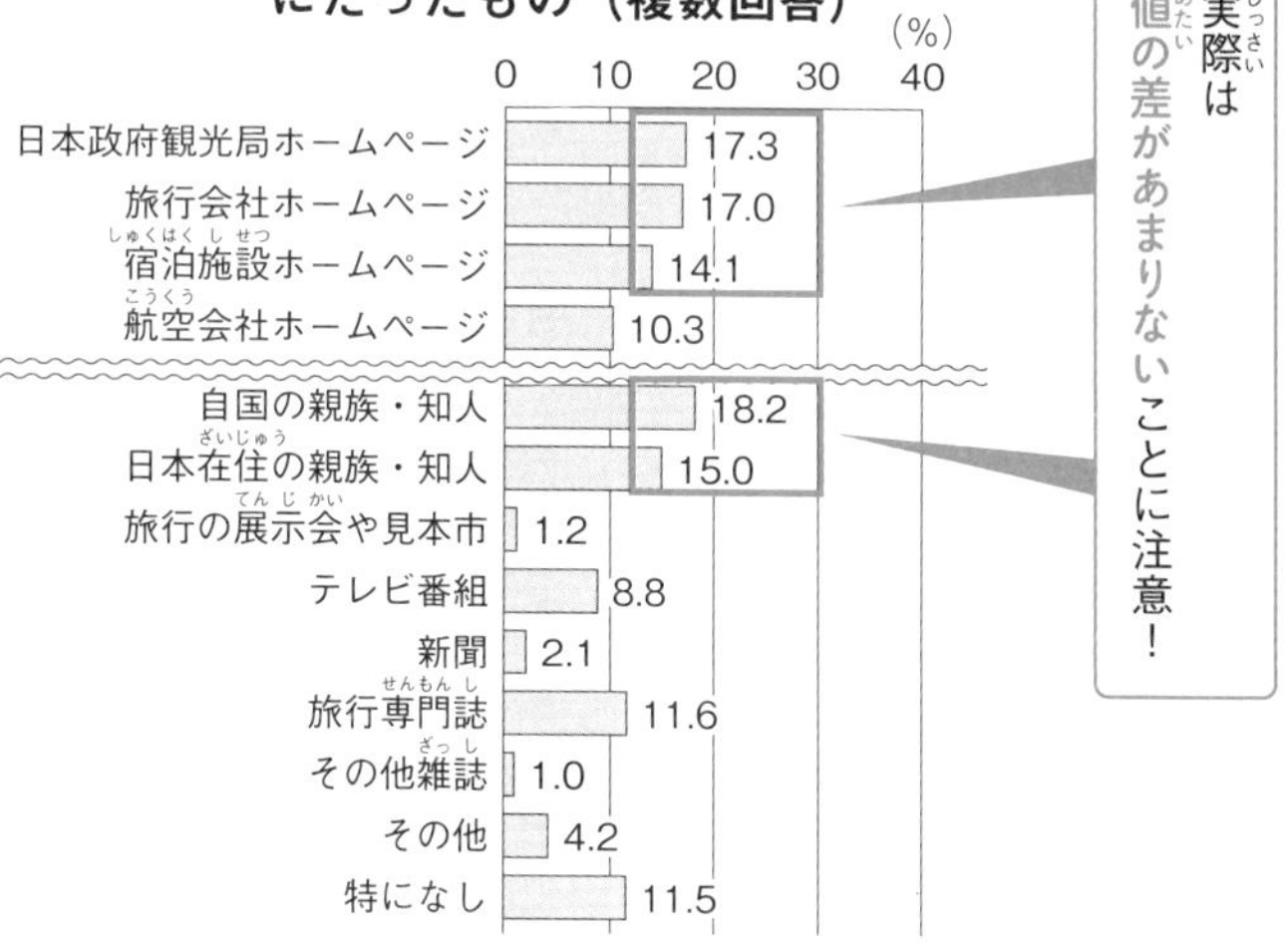

新傾向

問２　[　] は、直前の内容から、田中《たなか》さんが**【資料３】**を見て考えた「発信に力を入れていくべき」情報があてはまると考えられます。田中さんは**【資料３】**から、「日本食を食べること、ショッピング、繁華街《はんかがい》の街歩き、自然・景勝地観光の四つが今回したことの回答として多かった」こと、「街歩きやショッピングについては、次回したいこととして回答している人の割合《わりあい》が少なく、対して、日本食体験や自然・景勝地観光と回答した人はあまり減少《げんしょう》して」いないこと、「温泉《おんせん》入浴、四季の体感などは、次回したいことの割合が今回したことの割合を上回って」いることを読み取っています。

ここから、一度日本に来た外国人観光客が興味《きょうみ》を持っているのは、「日本食体験や自然・景勝地観光」、「温泉入浴、四季の体感」などの、**自分で体験できること**だと考えられます。

よって、田中さんはこれらの**「自分で体験できること」**の発信に力を入れていくべきだと考えているといえます。

問３　発表原稿によると、田中さんは**【資料１】**から、「**日本を訪《おとず》れる外国人旅行者**は、二〇一四年以降《いこう》は急激《きゅうげき》に増加《ぞうか》の割合が高くなっており、**今後も増《ふ》えていく**ことと予想され」ることを読み取り、**【資料２】【資料３】**の情報から、どのようなことを外国人旅行者にアピールすべきかを考えています。

そして、原稿の終わりの部分で、「これからも増加し続けるであろう外国人旅行者に、**国、地域、個人、あらゆる規模で対応していくことが必要になる**」と述《の》べています。

これらをふまえ、[Ⅰ]・[Ⅱ] に入る内容をまとめましょう。

入試問題にチャレンジ

問題 本冊42ページ

問1 例 新型《しんがた》コロナウイルスの世界的な流行によって訪日《ほうにち》外国人の買い物客が激減《げきげん》したこと。（38字）

問2 ウ・エ

解説

問1 【資料《しりょう》B】の後半部分に、「インバウンド市場」が「大きな打撃《だげき》を受け」た「原因《げんいん》」が書かれています。設問《せつもん》の条件《じょうけん》にしたがって、「買い物客」についての「結果」をまとめます。

問2 文章の内容《ないよう》と選択肢《せんたくし》の内容を一つずつ照らし合わせましょう。

選択肢チェック

ア 【資料A】中の「消費形態《しょうひけいたい》やライフスタイルの変化」とは、一つには少子高齢化《しょうしこうれいか》による購買《こうばい》行動の変化が挙げられる。

▶【資料C】の内容と一致《いっち》します。

イ 【資料A】中の「消費形態やライフスタイルの変化」とは、一つにはネットショップの利用の増加《ぞうか》が挙げられる。

▶【資料C】の内容と一致します。

ウ 新型《しんがた》コロナ感染拡大《かんせんかくだい》の影響《えいきょう》によって、これまで高級路線の小売店として好調だった百貨店も苦戦を強《し》いられるようになった。

▶【資料A】の後半部分「消費形態やライフスタイルの変化で百貨店離《はな》れが加速し、……コロナ禍《か》はこれに拍車《はくしゃ》をかけ……」によると、コロナ禍よりも前から苦戦が始まっていたことがわかります。

エ 新型コロナ感染拡大の影響によって減収《げんしゅう》が続いていた百貨店だが、二〇二一年四月には過去《かこ》に類のない大幅《おおはば》な収益《しゅうえき》があった。

▶【資料F】【資料G】によれば、コロナ禍よりも前から減収が起きている時期があることがわかります。

オ 百貨店のインバウンド売り上げは、二〇二〇年四月に最も減《へ》り、その後やや回復《かいふく》したが、コロナ禍以前の規模《きぼ》とは程《ほど》遠《とお》い状況《じょうきょう》である。

▶【資料H】の内容と一致します。

「適当でないもの」を選ぶ問題であることにも注意しましょう。

正解は**ウ・エ**です。

3 長文読解＋表・グラフの問題

例題

問題 本冊46ページ

問1 523

問2 イ

解説

問1 **【資料《しりょう》】**の「うち食品ロス量」の「日本全体」のらんから、年間の日本の食品ロス量は**「523」万トン**だとわかります。

問2 文章では、「日本の食品ロス」の内訳《うちわけ》について、「食品関連事業者からの発生は53パーセント」「47パーセントは一般《いっぱん》家庭から」と述《の》べられています。

よって、**「食品関連事業者」の項目《こうもく》が53%**、**「一般家庭」の項目が47%**となっている、**イ**の帯グラフが合うと考えられます。

ナビゲーションつき練習問題①

問題 本冊48ページ

問 イ

解説

この文章では、スウェットシャツ、国連の加盟国《かめいこく》とルーレット、震災《しんさい》後の津波《つなみ》に関する調査《ちょうさ》結果といった、具体例の説明に多くの字数が割《さ》かれています。これらの例を通して述《の》べられている「アンカリング効果《こうか》」についての筆者の考えをしっかりとつかみましょう。

新傾向

問 この問題では、**文章を読んだうえでどのような調査結果になったのかを自分で判断《はんだん》することが求められ**ています。文章の内容《ないよう》をつなぎ合わせて、調査結果の内容を考察していきましょう。

この問題の選択肢《せんたくし》の図は、**「避難《ひなん》すべき津波《つなみ》の高さ**はどれくらいですか」という聞き取り調査に対する、回答比率《ひりつ》を表しているグラフです。この聞き取り調査の結果は、文章の――線部直前で「**皮肉**なものでした」と書かれています。

そして、さらにその前の13段落の文章で、筆者は「巨大《きょだい》津波で甚《じん》大《だい》な被害《ひがい》を受けた結果、その津波に対して脆弱《ぜいじゃく》になる方向に認識《にんしき》が変わるとしたら、たいへん**皮肉**なことです」と述べています。

つまり、この調査結果は、「巨大津波で甚大な被害を受けた結果、その**津波に対して脆弱になる方向**に認識が変わってしまった」という**皮肉**な内容だったと考えられます。

日本人は、東日本大震災を経験《けいけん》し、巨大津波の高さの数値《すうち》を連日の報道《ほうどう》で耳にしました。しかし、その巨大津波の数値が「アンカー（目安）」となり、多くの人々は、**かなり高い津波でないと避難すべきだ、とは思えなくなってしまった**のです。

よって、「震災1年前」よりも「震災1カ月後」の方が、**避難すべきだと判断する津波の高さが高くなっている**ことがわかる、**イ**のグラフが合うと考えられます。

ポイントチェック

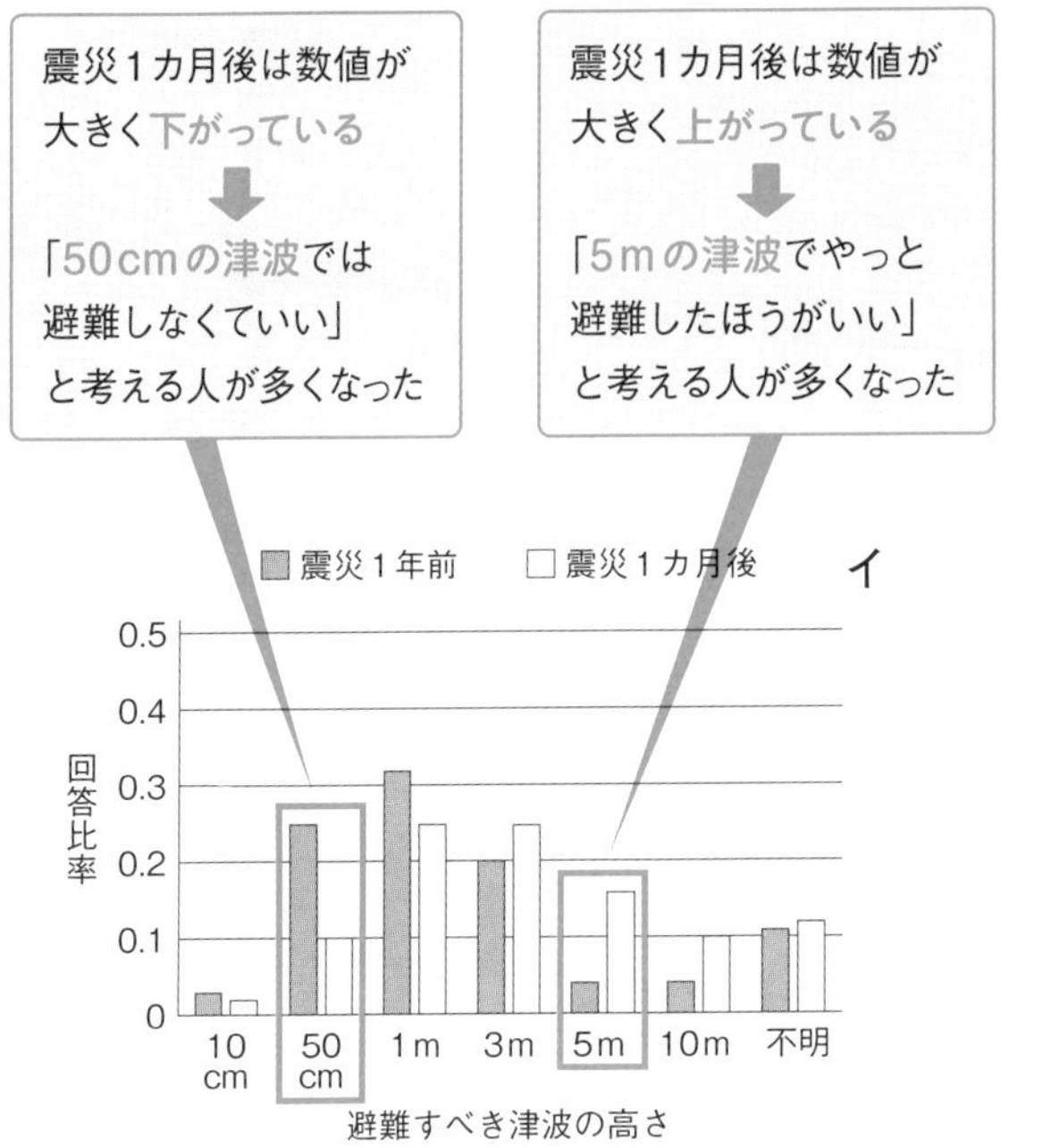

ナビゲーションつき練習問題②

問題 本冊54ページ

問1 オ

問2 例 人間がもともと生まれつきもっている素質《そしつ》という本質的で絶対的《ぜったいてき》な属性《ぞくせい》。

解説

筆者が文章中で自分の考えをよりくわしく説明するために、他の人が調べたり書いたりした文章の一部や資料《しりょう》を使うことを**「引用」**といいます。本文は引用が多い文章ですので、読解《どっかい》問題を解《と》く目的で文章を読む場合には、**筆者本人の考えがどれかを見失わないように注意する**必要があります。問題に答える際《さい》に、情報《じょうほう》の重要度に応《おう》じて**注意や関心を向ける部分を取捨選択《しゅしゃせんたく》していく**ことが大切です。

新傾向

問1 問題の図のグラフは、「勤勉《きんべん》よりも運・コネが大切」と答えた人の割合《わりあい》を示《しめ》すグラフです。

3段落《だんらく》で、「一九九〇年代までの日本人は、そのほとんどが、人生で成功するためには勤勉が大切であると考えていた」「二〇〇〇年代に入ってからは、運やコネが大切であると考える人びとが半数近くまで増《ふ》えている」と述《の》べられています。

つまり、**一九九〇年代**は「勤勉よりも運・コネが大切」と答える人の割合が少なく、**二〇〇〇年代**は「勤勉よりも運・コネが大切」と答える人の割合が多いと考えられます。

ただし、この問題の図の棒《ぼう》グラフは、古い時代から新しい時代の順に並《なら》んでいるのではなく、**新しい時代が上になっている**ので注意が必要です。

これをふまえ、選択肢《せんたくし》の図（グラフ）を見ると、**オ**が合うと考えられます。

ポイントチェック

オ

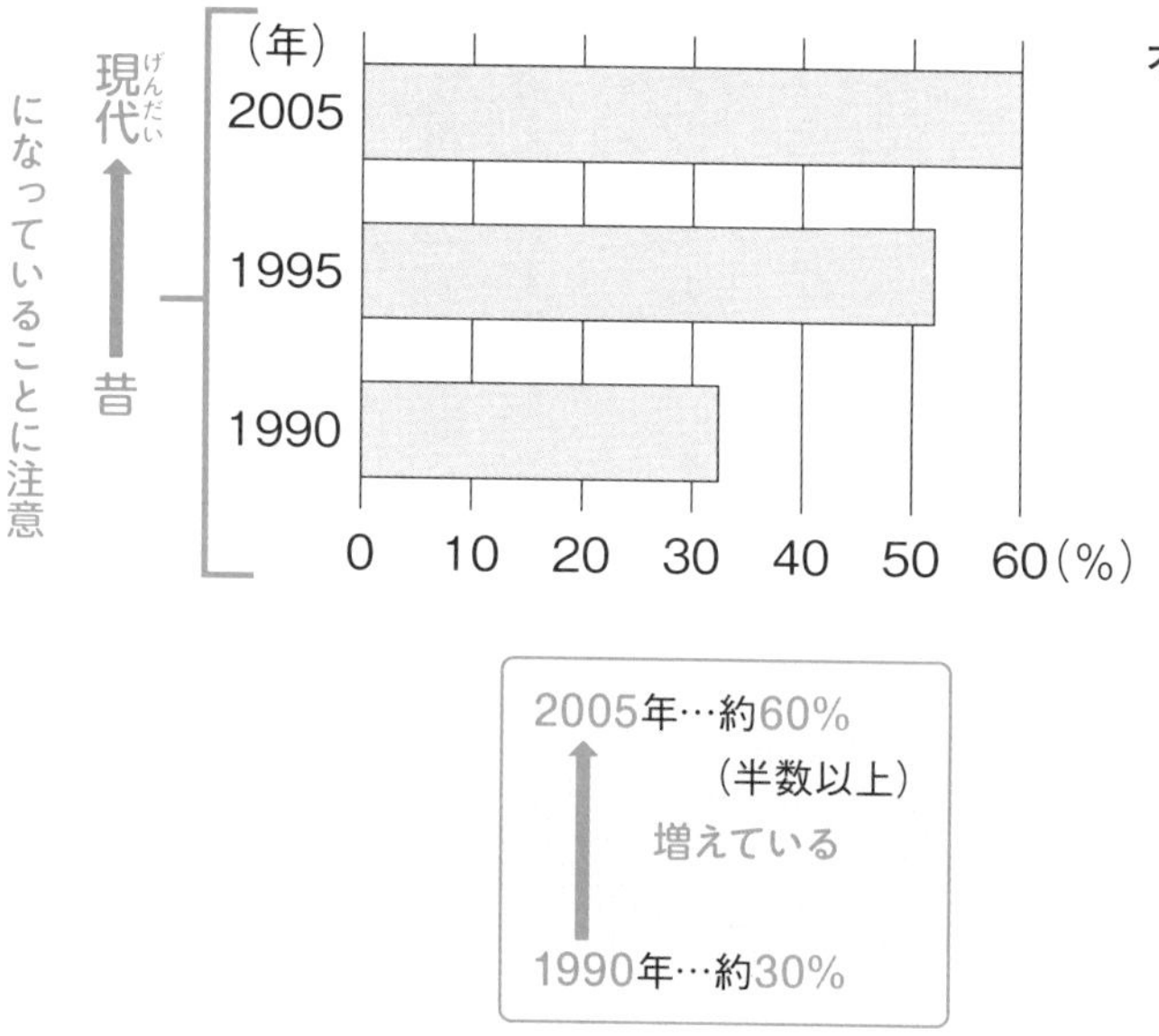

問2 設問《せつもん》に「ここで言うところの『格《かく》』」とあるので、本文中で用いられている「格」の意味を答える必要があります。

9段落で、この「格」とは、「今日の中高生たち」が、**クラスの上下関係を形容《けいよう》するために用いていることば**だと説明されています。

そして、その後に「格」について、「社会的に付与《ふよ》された役割や立場の違《ちが》いを指す言葉ではなく、人間の本質的な属性の違いを指す言葉」「学力のように数値化《すうちか》されず、努力の結果も見えにくい能力《のうりょく》だからこそ、それは個々人《ここじん》に本来的に備《そな》わった属性と看做《みな》されやすい」と説明されています。

つまり、ここでの「格」とは、**個々の人間に本質的に備わった属性による上下関係を指すことば**だと言えます。7段落にも、「**生まれもった素質**によって人生は決まる」とあります。

これらの内容をふまえ、自分のことばでまとめてみましょう。

アドバイス

現代の社会について述べられた論説文《ろんせつぶん》には、難しい**外来語**が登場することが多くあります。もちろん語彙《ごい》として、あらかじめ意味がわかっているにこしたことはありませんが、すべてのことばを知っておくのは無理でしょう。そこで、なじみのうすい外来語は、**前後の文章の内容や語注を参考にして、日本語のわかりやすいことばに言いかえてみる**とよいでしょう。特に問題を解答するうえで、重要度の高いことばなら、必ず文章中や語注に言いかえのヒントがあります。

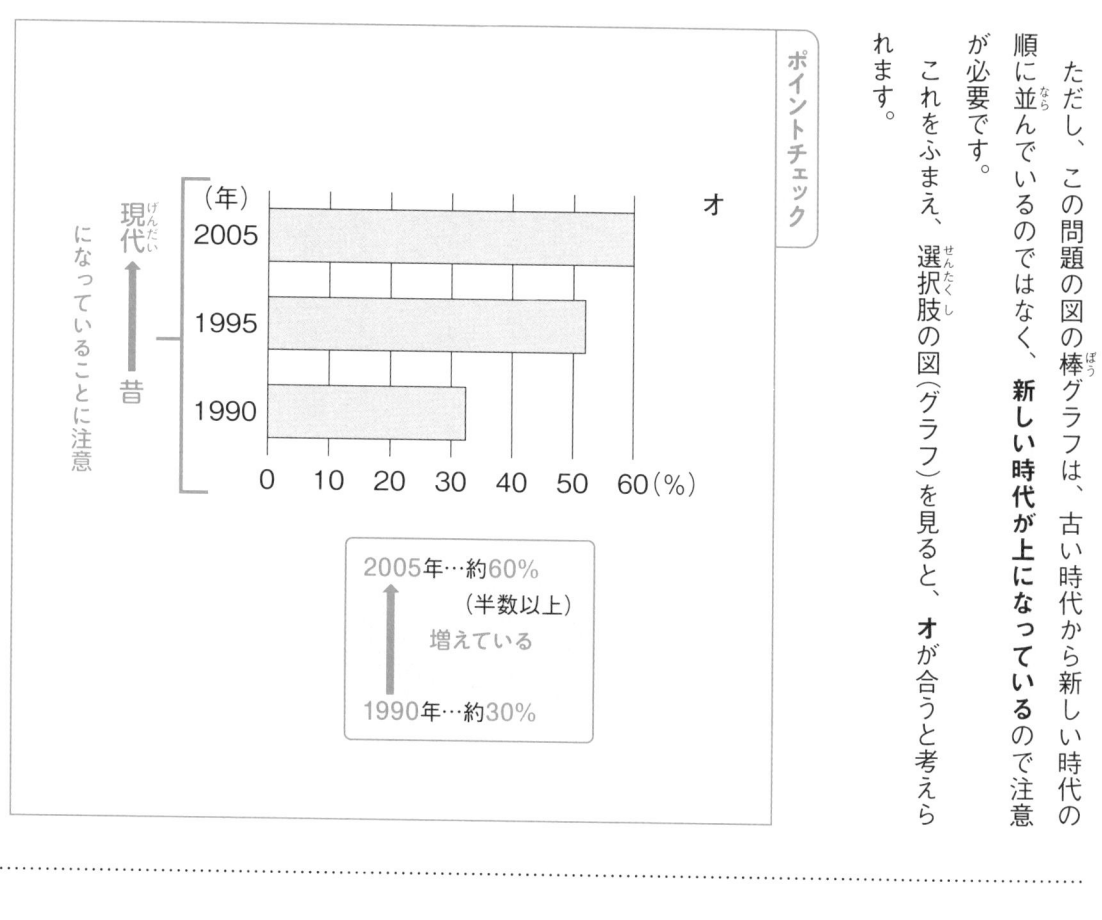

ナビゲーションつき練習問題❸

問題 本冊60ページ

問

(1) 複数回答《ふくすう》
(2) A
(3) 周囲《しゅうい》の他者

解説

本文では、前半で、渋谷《しぶや》駅前のスクランブル交差点や電車の中での光景などの具体的なエピソードが述《の》べられていて、読者に伝えたいことの核心《かくしん》部分は、**文章の後半**でようやく示《しめ》されます。段落《だんらく》のつながりに注意して文章の内容《ないよう》をとらえていきましょう。

新傾向

問 この問題では、**本文と関連した調査《ちょうさ》結果を示《しめ》したグラフを、会話文に沿《そ》って読み取っていきます。**グラフの読み取り問題で特に重要なのは、そのグラフがどのような情報《じょうほう》を示しているかを正しく理解することです。グラフのタイトル（見出し）や種類をふまえ、項《こう》目《もく》や数値《すうち》が何を語っているのか慎重《しんちょう》に読み取っていきましょう。

(1) [I] には、グラフの「すべての回答率《かいとうりつ》を足す」と「一〇〇%より多くなる」理由があてはまると考えられます。

割合《わりあい》を示すグラフの数値は、すべての項目のものを足すと、基本《きほん》的《てき》に１００%になります。しかし、選択肢《せんたくし》からあてはまるものをすべて選ぶ形式の調査結果の場合、数値の合計が、１００%を超《こ》えることがあります。この、選択肢からあてはまるものをすべて選ぶ形式を、**「複数回答」**と呼《よ》びます。グラフの見出しなどといっしょに書いてあることが多いので、そこに注目しましょう。

ポイントチェック

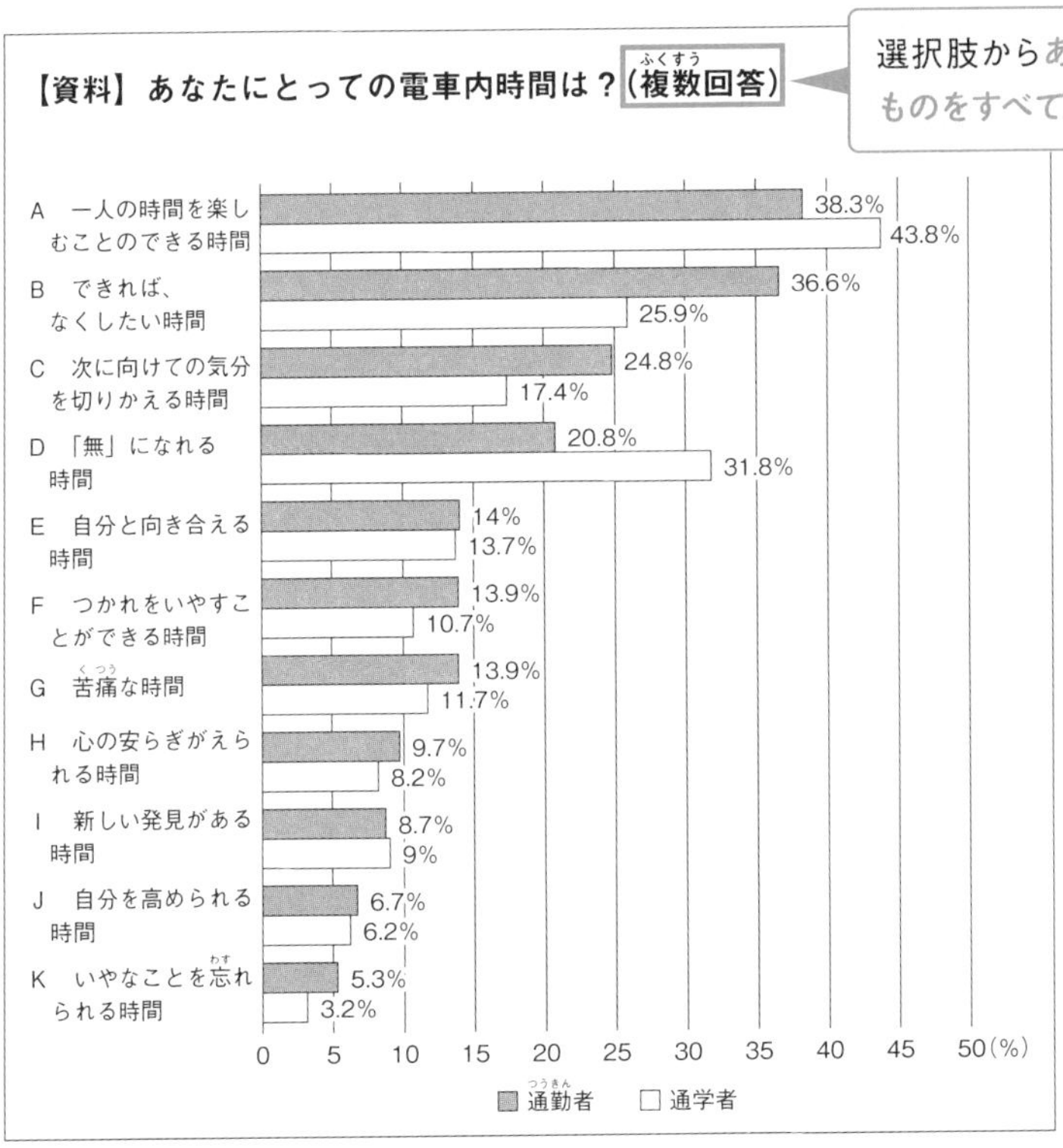

(2) Ⅱ には、「通勤者《つうきん》と通学者の両者で**最も多かった答え**」の数値があてはまります。

【資料《しりょう》】のグラフの「通勤者と通学者の両者で最も多かった答え」は、**A**の**「一人の時間を楽しむことのできる時間」**です。

(3) Ⅲ には、現代《げんだい》の人々の考え方とは逆の内容があてはまると考えられます。

そこで、**【資料】**のグラフの項目を見ると、現代の人々の多くは、「一人の時間を楽しむことのできる時間」「自分と向き合える時間」など、電車の中にいる時間を、**自分のための時間として使っている**ことがわかります。

5段落では、昔の人々は、電車の中で「新聞や雑誌《ざっし》」を「周囲の他者とつながるための道具」として用いていたとあります。つまり、昔の人は電車の中でも**「周囲の他者」とつながっていた**のです。

一方で、現代の人々は、電車の中にいる時間を**自分**のために使い、**周囲の他者**と過ごす時間だという意識が低いと考えられるのです。ここから、 Ⅲ には**「周囲の他者」**ということばがあてはまると考えられます。

入試問題にチャレンジ

問題 本冊66ページ

問 イ

解説

グラフなどの資料《しりょう》を読み取る問題の多くは論説《ろんせつ》文をもとにしていますが、この問題は**物語文**が題材です。さらにこの物語は時事的なできごとを題材にしているため、日ごろからニュースなどに関心を持っていない人は少しイメージしにくかったかもしれません。

この問題の文章では、クルド人である「私《わたし》」（サーリャ）が、日本の難民認定《なんみんにんてい》をめぐる厳《きび》しい状況《じょうきょう》によって、家族と引きさかれようとしているようすが描《えが》かれています。

まず前提《ぜんてい》として、「私」たち一家は、政治的弾圧《だんあつ》から逃《のが》れてきたクルド人であること、日本で十二年も暮《く》らしてきたのに、難民申請《しんせい》が認《みと》められず、日本で暮らし続けることができなくなりそうになっていることなどが、前書きで説明されています。

この文章は、全体として大きく二つの場面に分けられます。

前半は、「私」と弁護士《べんごし》の山中《やまなか》先生の会話の場面です。山中先生が語った、「私」の父親が一人でトルコに帰国する決意を固めた真意や、クルド語が書かれた古いノートから読み取れる父親の気持ちをつかみましょう。

後半は、「私」と父親の面会の場面です。父と「私」の心に浮《う》かぶ「故郷《ふるさと》」の風景は違《ちが》うこと、そして、「私」が「故郷」に居続《いつづ》けられるように自分を犠牲《ぎせい》にしようとしている、父の深い愛情《あいじょう》に気づいた、「私」の切ない思いを読み取りましょう。

問 文章の内容《ないよう》と**【資料1】～【資料3】**をもとに述《の》べられた意見として、適切《てきせつ》でないものを選ぶ問題です。それぞれの資料の内容と、Aさん～Eさんの発言を丁寧《ていねい》に照らし合わせて判断《はんだん》しましょう。

【資料1】は、**先進7カ国の難民認定率《りつ》**（２０１８年）の表です。
【資料2】は、**トルコ出身難民申請《しんせい》者の難民認定率**（２０１８年）の表です。
【資料3】は、２０２２年に、**トルコ国籍《こくせき》のクルド人の難民認定が、日本で初めてされた**という内容の新聞記事です。
【資料1】と**【資料2】**の表からは、他国に比《くら》べて、**日本の難民認定率が極端《きょくたん》に少ない**ことがイメージできます。
しかし、**【資料3】**の新聞記事からは、**日本でも少しずつ難民の受け入れが進んでいる**ことがわかります。

いずれも、文章中で、日本で暮らしたいと考えているクルド人として、「私」が直面している状況《じょうきょう》に関連している資料です。

ポイントチェック

【資料1】

	難民認定処理数（人）	難民認定数（人）	難民認定率
カナダ	29951	16904	56.44%
アメリカ合衆国	99409	35207	35.42%
イギリス	37013	12050	32.56%
ドイツ	245585	56586	23.04%
イタリア	95200	6506	6.83%
フランス	151057	29078	19.25%
日本	16596	43	0.26%

他の国に比べて、日本は難民認定率が極端に少ない

【資料2】

	難民認定処理数（人）	難民認定数（人）	難民認定率
カナダ	1662	1486	89.41%
アメリカ合衆国	674	502	74.48%
イギリス	933	472	50.59%
ドイツ	9093	3786	41.64%
イタリア	276	85	30.80%
フランス	2549	665	26.09%
日本	1010	0	0%

他の国に比べて、日本は難民認定率が極端に少ない

これらのことをふまえ、選択肢《せんたくし》をチェックしていきましょう。

選択肢チェック

ア　Aさん「【資料1】を見ると、日本は難民の認定率が他の先進国に比べて著《いちじる》しく低くなっているね。この小説でサーリャの家族が難民として認定されなかったのも珍《めずら》しいケースではなかったんだね。」

▶【資料1】の内容と合っています。

イ　Bさん「【資料2】を見ると、トルコ出身者は日本ではまったく難民認定されていないね。×そもそも日本ではトルコ出身の人が難民申請をするケースが他国に比べて少ないのかもしれないけど。」

▶前半は、【資料2】の「認定数0人」に一致《いっち》しています。一方、後半部分の「難民申請をするケースが他国に比べて少ない……」は【資料2】に示《しめ》された「難民認定処理数」を他国と比較《ひかく》すると、まちがっています。

ウ　Cさん「【資料1】と【資料2】を見ると、日本の難民認定率がそもそも高くない上、とりわけトルコ出身者の難民認定が難《むずか》しいことがわかるね。何か特別な理由があるのかもしれないから、トルコやクルドについて調べてみた方がいいかも。」

▶【資料1】【資料2】の内容と合っています。

エ　Dさん「日本でこれだけ難民認定がされていないのには、小説内で出てきた『血統主義《けっとうしゅぎ》』(36行目)以外にも他の理由もあるかもしれないね。もう少し、難民について調べてみないと、簡単《かんたん》に日本の難民政策《せいさく》に問題があるとは言えないよね。」

▶【資料1】〜【資料3】からは、日本の難民認定が難しい理由は読み取れないので、合っています。

オ　Eさん「【資料3】を見ると、これは小説の中でサーリャのお父さんが言っていた『あなたと私たちの未来に、光がありますように』(208行目)というお祈《いの》りの『光』にあたる出来事だと言えるんじゃないかな。」

▶【資料3】は、トルコ国籍《こくせき》のクルド人が、日本で初めて難民認定されたという新聞記事なので、「私」(サーリャ)や家族の厳しい状況にとっては、「光」と言えると考えられます。

判断《はんだん》が難しいのはエですが、**示された資料(表・グラフ)からは「読み取れない」**ということも、情報《じょうほう》の一つです。勝手な想像《そうぞう》をするのではなく、**表やグラフの数値《すうち》などを客観的に分析《ぶんせき》して判断しましょう。**

これらから、正解《せいかい》は**イ**とわかります。

4 実用文・お知らせの問題

問題 本冊74ページ

例題

問1 Ⅰ 九(9)　Ⅱ 市民グラウンド　Ⅲ スポーツタオル

問2 エ

解説

問1 Ⅰ～Ⅲにあてはまる情報《じょうほう》は、それぞれ**【資料《しりょう》】**後半の箇条《かじょう》書《が》きの項目《こうもく》に書かれています。Ⅰは「日時」の項目から、開始時刻《じこく》の**「九」**時、Ⅱは「場所」の項目から**「市民グラウンド」**、Ⅲは「持ち物」の項目から**「スポーツタオル」**が合うと考えられます。

問2 **【資料】**の箇条書き部分の「注意事項」には、「更衣《こうい》スペースはありません」と書かれています。よって、会場で着替《きが》えなくてもすむように、**エ「あらかじめ家から体操《たいそう》服を着ていく」**必要があると考えられます。

ナビゲーションつき練習問題①

問題 本冊76ページ

問1 Ⅰ 減少《げんしょう》　Ⅱ 増加《ぞうか》

問2 例 交差点でしっかり安全確認《かくにん》しよう(15字)

問3 例 自転車で　歩道走るの　超危険《ちょうきけん》

解説

二つの資料《しりょう》を元に作成されたポスターについての問題です。ポスターのどこにどの資料の内容《ないよう》が反映《はんえい》されているかをよく考えて解《と》いていきましょう。

新傾向

問1 **【ポスター】**のⅠ・Ⅱをふくむ部分には、**【資料1】**の内容が反映されています。

最初のⅠの前には、「平成16年とくらべて、平成26年の自転車事故《じこ》は」とあります。**【資料1】**から、**自転車事故全体の数値《すうち》**は、平成16年＝188338、平成26年＝109269となっているため、**「減少」していきます**。

一方、**歩行者との間での事故数**は、平成16年＝2543、平成26年＝2551なので、**「減少」していません**。よって、Ⅰには**「減少」**があてはまります。

自転車事故全体の数が減《へ》っても、歩行者との間での事故数が減っていなければ、**自転車と歩行者の事故の割合《わりあい》はかえって「増加」している**と考えられます。よって、Ⅱには**「増加」**があてはまります。

ポイントチェック

【資料１】自転車と歩行者の接触事故《せっしょくじこ》

	平成16年	平成17年	平成18年	平成19年	平成20年	平成21年
歩行者との事故	2543	2617	2783	2869	2959	2946
自転車事故全体	188338	183993	174469	171169	162662	156485

	平成22年	平成23年	平成24年	平成25年	平成26年
歩行者との事故	2770	2806	2625	2605	2551
自転車事故全体	151681	144058	132048	121040	109269

	自転車事故全体	歩行者との事故	自転車事故全体に占《し》める歩行者との事故の割合
平成16年	＝188338	2543	…約1.35%
平成26年	＝109269	2551	…約2.33%
	↓	↓	↓
	減少	減少していない	増加

新傾向

問2 Ⅲをふくむ部分には、**【資料２】**の内容が反映されています。

【ポスターⅠ】には、すでに１・２・４・５の内容が書かれているので、ここに書かれていない、**３「交差点などではとくに周囲《しゅうい》に気を配り、安全を確認《かくにん》する」**の内容を書きましょう。

問3 設問《せつもん》の条件《じょうけん》をしっかり確認して、答えやすい**標語《ひょうご》**を考えていきましょう。

ちなみに、解答例《かいとう》では**【資料１】【資料２】**によって自転車と歩行者との接触《せっしょく》事故が減っていないこと、歩道を走るときには歩行者優先《ゆうせん》を心がけるべきことが読み取れることから、歩道を自転車で全速力で走る危険《きけん》に関する標語を作っています。

なお、解答例《かいとうれい》として挙げた標語以外では、

- 歩道では　スピード落とせ　自転車は
- 歩行者を　こわがらせるな　自転車は
- 歩道では　凶器《きょうき》になるぞ　自転車も
- 歩道では　自転車降《お》りて　歩こうよ

など、歩道での歩行者優先《ゆうせん》を強く訴《うった》える・厳《きび》しく戒《いまし》める・呼《よ》びかける標語にするのもよいでしょう。

ナビゲーションつき練習問題②

問題 本冊80ページ

問1 イ
問2 十四（時）
問3 運動広場
問4 一時間

解説

新傾向 問1 AさんとBさんは、前半の部分で「朝の集合」に関する話をしています。Bさんは、「遅《おそ》くても十分前には到着《とうちゃく》するように家を出る」と述《の》べています。

【資料《しりょう》】には、朝の学校集合が**「八時三十分」**だと書かれているので、Bさんの学校到着予定時刻《じこく》は、その十分前の**イ「八時二十分」**だと考えられます。

新傾向 問2 十五時に学校に到着して解散《かいさん》できる、城西《じょうさい》公園の出発時刻を問われています。

朝の学校出発は九時、城西公園到着は十時なので、**学校から城西公園までの移動《いどう》は一時間かかる**と考えられます（往路《おうろ》）。よって、十五時に学校に到着するには、**一時間前の十四時に、城西公園を出発する必要がある**とわかります（復路《ふくろ》）。

新傾向 問3 「オリエンテーリング」を終えた後の集合場所は、**【資料】**に書かれています。十時十五分の「オリエンテーリング開始」の直後に、**十二時に「運動広場集合」**とあります。

つまり、オリエンテーリングを終えた後は、十二時に**「運動広場」**に集合する必要があるということです。

この遠足開始時の集合場所である「学校」や、オリエンテーリングを行う「城西公園」とまちがえないようにしましょう。

新傾向 問4 **【資料】**には、十二時に「運動広場集合」のあとに「※班員《はんいん》全員で担任《たんにん》のチェックを受けその後昼食」とあり、十三時に次の予定に移《うつ》ると書かれています。つまり、**十二時から十三時までが昼食の時間**だと考えられます。

また、会話の中でも、Bさんは**「お昼の時間は一時間ある」**と述べています。

よって、昼食の時間は**一時間**だと考えられます。

ポイントチェック

Bさんは
10分前に到着予定

【資料】

秋の遠足の行程《こうてい》表

8：20	
8：30	学校集合
	体調観察
9：00	出発
10：00	城西《じょうさい》公園到着《とうちゃく》
	※トイレを済《す》ませ、クラスごとに整列して待機。
10：15	オリエンテーリング開始
12：00	運動広場集合
	※班員《はんいん》全員で担任《たんにん》の先生のチェックを受けその後昼食。
13：00	クラスごとに写真撮影《さつえい》
	城西公園出発
15：00	学校到着・解散《かいさん》

学校から城西公園までは1時間かかる（往路）

昼食はこの間にとる

城西公園から学校までは1時間かかる（復路）

ナビゲーションつき練習問題③

問題 本冊84ページ

問1 見事に・てしまい

問2 例（たしかに）大西《おおにし》社員が担当《たんとう》した新宿支店《しんじゅくしてん》は完売し、売り上げも多い。

（しかし）最後の一時間は品切れ状態《じょうたい》になっていて、需要《じゅよう》の見込《みこ》みが悪かった。

（一方）小池《こいけ》社員の担当した池袋《いけぶくろ》支店は品切れを起こさず、最後まで売り上げた。

（したがって）客の需要を予想した仕入れが成功していて、客が多く来店する時間帯にも売ることができた。

解説

問1 「客観性《きゃっかんせい》に欠ける」と社長が指摘《してき》したのは、**部長が自分の意見や感想を報告《ほうこく》に反映《はんえい》している**と感じたからです。

社長の発言から、部長は、「大西社員を高く評価《ひょうか》しようとしている」と考えられます。

部長は、カニ弁当《べんとう》を売り切った大西社員を高く評価していたため、**「見事に**カニ弁当は完売」ということばを使い、弁当を売れ残らせた小池社員を低く評価していたため、「売れ残りが生じ**てしまい**ました」ということばを使ったのです。

新傾向

問2 グラフを見ると、大西社員の新宿支店では、十八時に弁当が売り切れ、小池社員の池袋支店は十九時まで販売《はんばい》を続けています。

ポイントチェック

18時～19時は販売できていない

30 31 54 97 38 48 70 77 55 0

	9時	10時	11時	12時	13時	14時	15時	16時	17時	18時	19時
━●━ 大西（新宿支店担当：500個発注）	0	30	61	115	212	250	298	368	445	500	500
━□━ 小池（池袋支店担当：450個発注）	0	19	42	80	155	208	240	308	365	402	430

19 23 38 75 53 32 68 57 37 28

閉店時刻まで販売を続けている

たしかに、大西社員の方が販売した弁当数は多いです。しかし、十八時で売り切れたということは、**十八時から閉店時刻《へいてんじこく》の十九時の間に来店したお客さんは、弁当を買えなかった**ということです。

一方、小池社員は閉店時刻までお客さんに弁当を売ることができています。

したがって、**大西社員**は、**自分の任《まか》された支店の一日全体の弁当需要数を読み切れていなかった**ということになります。

そのため社長は、自分の担当支店の**一日全体の需要を考慮《こうりょ》したうえで、適切な弁当数を仕入れ、営業《えいぎょう》時間中に品切れを出さなかった小池社員を評価した**のです。

アドバイス

実用文は、論説文《ろんせつぶん》などとは異《こと》なり、情報《じょうほう》が非常《ひじょう》に簡潔《かんけつ》に書かれていることが多いです。書かれている項目《こうもく》や数値《すうち》をもとに、どのような事実を伝えているのかを、自分から進んで具体的にイメージする必要があります。そこからつかんだ事実をもとに、**実用文の書かれた背景《はいけい》**や、**作成者の意図**を読み取りましょう。

入試問題にチャレンジ

問題 本冊88ページ

問

(1) 罰《ばっ》せられる
(2) 感謝《かんしゃ》や評価《ひょうか》のメッセージ
(3) エ

解説

本文は、なじみのない**外来語**や中学受験生にとってはイメージしにくい**難《むずか》しい語句《ごく》**の多い文章なので、書かれていることのすべてを正確《せいかく》に理解《りかい》しようとして読み進めていくと、文章から「心が離《はな》れていってしまう」おそれがあります。そのような文章を読むときには**「ことばの取捨選択《しゅしゃせんたく》」**が必要になります。一つの形式段落《だんらく》の中で意味がよくわからないことばを見つけても、一旦《いったん》そこを飛ばして、内《ない》容《よう》を理解するうえで重要度が高そうな部分に線を引いたり印をつけたりして目立たせたうえで、とりあえず先に読み進めていくのです。

たとえば、1段落では**「心理的安全性《あんぜんせい》」「『一人ひとりが安心して発言・行動できる』こと」**、2段落では**「自分ではまったく自覚しておらず……えこひいきをしたり、差別……したりする」**という部分に線が引ければ十分です。

このように、重要度の高そうな部分に線を引いていき、最後まで読み進めていくことで、大まかな文章の流れだけでもつかめれば、問題を解《と》くスタートラインに立つことができます。難しい文章でも決してあきらめずに、ねばり強く読み進めていきましょう。

問

(1) [I]をふくむ文では、ピアボーナス制度《せいど》を導入《どうにゅう》するとどうなるかが述《の》べられていると考えられます。ピアボーナス制度のメリットについては、文章の20段落と、**【記事】**に、**高い「心理的安全性」を確保《かくほ》できる**ことだと書かれています。

この「心理的安全性」については、1段落で、「心理的安全性が欠けると、自分が言ったりやったりしたことによって罰せられる恐《きょう》怖《ふ》がつきまといます」と述べられています。ここから、[I]には**「罰せられる」**があてはまると考えられます。

ピアボーナス制度を導入することによって、組織《そしき》のメンバーは**心理的安全性が高まり、自分の言動によって「罰せられる」かもしれないと考えて不安になることが減《へ》る**のです。

(2) **【記事】**で、ピアボーナス制度は、従業員同士《じゅうぎょういんどうし》で、報酬《ほうしゅう》として貯《た》まったポイントを送り合う制度だと説明されています。

また、ポイントを送り合う時には**「感謝や評価のメッセージ」**を**添《そ》える**とも述べられています。

ポイントだけではなく、上司や同僚《どうりょう》、部下たちから**「感謝や評価のメッセージ」**が届《とど》くことで、安心して自分らしく組織への貢献《こうけん》につながる振《ふ》る舞《ま》いができるようになると考えられます。

(3) [Ⅲ]の後に続くMさんの発言に、**「意識《いしき》しすぎるあまりかえって身動きがとれなくなってしまう、なんてこともなさそう」**とあります。ここから、Google社が**ピアボーナスを送り合えることでかえって気を遣《つか》うことにならないようなルール**をあらかじめ作っていることをMさんたちが評価しているのがわかります。よって、**【記事】**の後半のGoogle社のピアボーナスのルール例をおさえながら、選択肢《せんたくし》を選びましょう。

選択肢チェック

ア 各自が送れる△ポイント（ボーナス）は月額《げつがく》16000円と、かなり高額なんだ

▶【記事】の内容と合っています。しかし、ポイントが高額であることは、「ピアボーナス制度を意識しすぎるあまり……身動きがとれ」なくならないようにするルールの例としては、あてはまりません。

イ ×心理的安全性を高めるための方策《ほうさく》を考えるプロジェクトを、わざわざ立ち上げたんだ

▶そのようなプロジェクトがあるとは【記事】内には書かれていません。

ウ ポイント（ボーナス）を送れる相手を、×自分と同等の役職《やくしょく》にある従業員に限定《げんてい》しているんだ

▶【記事】の内容とは合いません。

エ ○直接《ちょくせつ》の上下関係にある人には互《たが》いにポイント（ボーナス）を送れないようにしているんだ

▶【記事】の内容と合っています。また、「ピアボーナス制度を意識しすぎるあまり……身動きがとれ」なくならないようにするルールの例になっています。

オ ×ポイント（ボーナス）を一度送った人やもらった相手には、二度と送れないようにしているんだ

▶【記事】の内容とは合いません。

この問題で大切なのは、選択肢が**【記事】**の内容と合っているかどうかだけではなく、Ⅲの前後の内容と矛盾《むじゅん》しないかどうかも確認《かくにん》することです。アの内容は**【記事】**の内容とは一致《いっち》しますが、Ⅲにあてはまる例としてはふさわしくありません。よって、正解《せいかい》は**エ**になります。

アドバイス

お知らせや実用文の読み取り問題は、資料《しりょう》から情報《じょうほう》をぬき出すだけではなく、その**情報を適切《てきせつ》に活用できる力**も重要になってきます。**お知らせや実用文の情報がどのような意味を持つのか、どのように活用ができるか**を客観的に考えながら、問題に取り組みましょう。